김미경의 딥마인드

열심히 살아봤지만 허무함에 지친 당신을 위한

김미경의 딥마인드

초판 1쇄 발행 2024년 11월 14일
초판 7쇄 발행 2024년 12월 4일

지은이 김미경
발행인 김미경 **편집장** 서유상
출판사업팀장 이승아 **책임편집** 장문정
디자인 김진영

발행처 (주)엠케이유니버스
출판신고 2022년 6월 29일 제2022-000183호
주소 서울시 마포구 와우산로 23길 8
이메일 awakebooks@mkcreative.co.kr

ⓒ 김미경, 2024
ISBN 979-11-980130-8-8 (03320)

DEEP MIND
DEEP MIND
DEEP MIND
DEEP MIND
DEEP MIND
DEEP MIND
DEEP MIND
DEEP MIND

열심히 살아봤지만 허무함에 지친 당신을 위한

김미경의 딥마인드

김미경 지음

AWAKE
BOOKS

'열심히' 살면 모든 것이
좋아질 줄 알았다

얼마 전, 엄마가 하늘로 떠났다. 충북 증평에서 평생 양장점을 했던 엄마는 자신의 마지막 옷까지 직접 만드셨다. 분홍색 꽃무늬 누빔으로 만든 수의는 모자가 달렸고 양옆에는 우아한 레이스가 날개처럼 붙어있었다. 재봉 일을 하느라 관절이 다 망가져 13년간 침대에 누워 지내는 와중에도 엄마는 매일 10분씩 일어나 자신의 수의를 손수 지었다. 고통스러운 통증과 싸우면서도 88세까지 장하게 버텨주었던 홍순희 여사는 갑작스러운 폐렴으로 이틀 만에 하늘나라로 가셨다.

지금도 엄마를 생각하면 눈에 선한 장면이 있다. 매일 새벽같이 일어났던 엄마는 창문을 활짝 열고 찬송가부터 틀었다. 그리고 재단용 자를 두드리며 큰 소리로 노래를 따라 불렀다. 돈 버는 데 재능이

영 없던 아버지를 대신해 다섯 남매를 먹여 살린 엄마는 형편이 어려울수록 더 일찍 일어났고 더 크게 노래를 불렀다. 그때 엄마는 어린 나에게 늘 이 말을 해주시곤 했다.

"미경아, 힘들수록 눕지 말고 더 새벽같이 일어나야 되는겨. 그렇게 열심히 살믄 다 이겨낼 수 있어. 너 사람들 가만히 봐라. 힘들면 다 눕지 일어나는 사람이 하나라도 있나. 그래서 암만 가진 게 없어도 인생은 해볼 만한겨."

열심히 살수록 나는 점점 더 불행해졌다

—

철이 들면서 나는 점점 홍순희 여사를 닮아가기 시작했다. 시골 엄마의 강인한 생명력과 억척스러움, 게다가 강철 체력까지 그대로 물려받은 나는 인생의 도전이나 위기에 직면할 때마다 항상 엄마의 새벽을 떠올렸다. 힘들수록 더 열심히 더 맹렬하게 살았다. 그것은 마치 내 안에서 '어떤 엔진'이 뜨겁게 돌아가는 느낌이었다.

내가 그 엔진을 처음 발견한 것은 대학에 입학하면서 서울로 막 상경했을 때다. 엄마의 양장점이 어려워져 나는 집주인과 부엌, 화장실을 나눠 쓰는 단칸방을 간신히 얻었다. 가난한 시골 촌년이 처음 목격한 서울 금수저의 모습은 '문화 충격' 그 자체였다. 나와 우리 집은 그들과 동시대에 살고 있었지만 거의 100년은 뒤처져 있었다. 내 안에서 엄청난 결핍과 열등감이 솟구쳐 올랐다. 그리고 이는 엔진을 돌리는 가장 좋은 연료가 됐다.

결핍을 먹고 자란 엔진은 수많은 목표와 꿈을 만들었고 나의 몸과 마음을 움직여 그것을 이루게 해줬다. 돈과 집, 경력과 명예, 회사, 인맥 등 내가 이 세상에서 안전하게 생존하고 원하는 것을 성취하기 위해 꼭 필요한 '그것(It)'들을 가질 수 있도록 도와줬다. 나는 이 엔진에 '잇마인드It-mind'라는 이름을 붙였다. 잇마인드는 현실에 만족하고 안주하는 법이 없었다. 늘 나에게 새로운 목표와 꿈을 제시했고 그걸 이루도록 강하게 밀어붙였다.

이 과정을 거치며 나는 저절로 '잇마인드 선수'가 되어갔다. 내가 먼저 도전해보고 넘어지고 다시 일어나면서 깨달은 많은 것을 남들에게 가르쳐줄 정도로 엔진의 성능이 좋아졌다. '꿈을 가지고 새벽 4시 반에 일어나라', '성장하려면 무식한 축적기를 반드시 거쳐라', '10퍼센트만 준비되면 바로 시작해라' 등 내가 나를 가르쳤던 수많은 말들이 사람들의 마음을 움직이는 강의 콘텐츠가 됐고 자기계발 책이 됐다. 덕분에 나는 지난 30년간 사람들에게 꿈과 열정, 용기를 주는 강사로 살 수 있었다. 힘들 때마다 잇마인드 엔진만 열심히 돌리면 삶의 많은 것이 해결되고 좋아질 거라 굳게 믿으면서.

그런데 그 명제가 반드시 맞지 않을 수 있다는 사실을, 나는 이 나이가 되어서야 깨달았다. 몇 년 전 스타트업에 도전하면서 나는 '열심히'의 끝까지 가봤다. 온몸을 갈아 넣으며 부서져라 일했지만 열심히 살수록 나는 점점 더 불행해졌다. 내가 세운 꿈과 목표가 나를 심각한 번아웃과 우울증으로 몰아갔다. 끝도 없이 가라앉는 절망의 밑바닥에서 나를 가장 괴롭힌 것은 다름 아닌 나의 '잇마인드'였다. 수십 년간 나를 격려하고 끌어주고 성장시켜준 잇마인드가 가장 먼저 등을 돌렸다. 자신이 준 미션을 결국 해내지 못한 나를 위로해 주기는커녕 조롱하고 협박하고 비난했다. '회사가 끝나면 네 인생도 끝난다', '이럴 거면 차라리 죽어도 되지 않느냐'며 절벽 끝에서 거세게 밀어버렸다.

그제야 비로소 나는 잇마인드의 실체를 깨달았다. 그동안 나는 잇마인드가 하는 독한 말들이 전부 나를 아끼고 사랑해서 하는 말이라고 믿었다. 그런데 아니었다. 잇마인드는 애초에 나의 행복 따위에는 관심이 없었다. 처음부터 내가 만든 것이 아니기 때문이다. 잇마인드를 만든 본체는 4,000년의 역사와 약 80억 인구의 생존 욕구와 성공 욕망이 만든 지금의 자본주의 세상이다. 내가 태어나기도 전부터 견고하게 짜여진 부와 생존의 게임에서 살아남기 위해 우리는 어릴 때부터 초거대 엔진인 잇마인드를 장착한다. 내가 누구인지 묻기도 전에 부모와 사회로부터 잇마인드가 이식된다. 이 엔진은 결핍과 열등감을 연료 삼아 내 몸과 마음을 활용해 '더 많이 갖고 더 높이 올라가도록' 우리의 마음을 프로그래밍한다.

물론 잇마인드는 우리가 세상에서 생존하고 경쟁하며 꿈을 이루기 위해 반드시 필요하다. 하지만 이 엔진은 강력한 힘만큼 치명적인 부작용과 양면성을 가지고 있다. 살아남기 위해 끊임없이 남과 비교하며 열등감을 부추기고 나를 꿈과 목표의 노예로 만든다. 내가 잘 살기 위해 꿈과 목표를 세웠는데 나중에는 그게 주인이 되어 나에게 명령하고 마구 부려 먹는다. 잘하면 칭찬하지만 성과를 못 내면 끊임없이 비난하고 자존감을 무너뜨린다. 그것이 우리가 그토록 믿고 따랐던 잇마인드의 '배신'이다.

나를 죽이는 말을 멈추고 살리는 말을 시작하다
—

그때 나는 잇마인드에게 무력하게 당하고 있었다. 매일 명확한 숫자와 근거를 대며 나를 '쓸모없는 인간' 취급하는 잇마인드의 말에 '아니'라고 반박할 근거가 없었다. 끊임없이 자동 생성되는 이 소리를 마음대로 컨트롤할 수 없었다. 그때 나는 사람들이 왜 극단적인 선택을 하는지 비로소 이해했다. 매일 나를 죽이는 마음의 소리를 혼자서는 도저히 끌 수 없었던 것이다. 그렇다면 내게 남은 선택은 하나였다. 나를 죽이는 말이 아니라 '나를 살리는 말'을 스스로에게 하는 것이다. 이 소리의 볼륨을 한껏 키워 나를 죽이는 말을 덮는 수밖에 없다.

그때부터 나는 다이어리를 펼쳐 나를 살리는 말을 쓰기 시작했다. 매일 아침 불안과 두려움으로 지하 100층에서 시작하는 내 마음을 지상으로 끌어올리기 위해 아주 사소한 것부터 감사한 일을 찾아 적기 시작했다. 산산이 부서졌던 자존감을 다시 세우기 위해 일부러 나를 칭찬하는 말을 적었고 자꾸 남 탓하고 원망하는 것을 멈추기 위해 반성할 일도 적어 내려갔다. 그렇게 나는 나를 살리기 위해 본능적으로 다른 말을 하기 시작했다. 그러자 놀라운 일이 벌어졌다. 그전에는 전혀 생각도 못 해봤던 말이 머릿속에 떠올랐다.

'더 이상 회사에 있지 말고 일단 집으로 가자. 그래도 괜찮아. 정말 괜찮아. 집에서 휴식을 취하며 전혀 다른 관점에서 회사일을 다시 고민해보자.'

걱정과 두려움에 사로잡혀 회사를 떠나지 못했던 그때의 나로서는 상상도 못 할 얘기였다. 아마 다른 누군가가 이 얘기를 했다면 결코 듣지 않았을 것이다. 그러나 나는 순순히 그 목소리를 따라갔다. 그것이 진정 나를 사랑하는 목소리라는 것을 본능적으로 알았기 때문이다. 이후에도 이 목소리는 나를 위한 가장 지혜로운 해답을 내주곤 했다. 또 내가 매일 감사한 일을 찾고 스스로를 칭찬했듯 이 존재 역시 끊임없이 나를 위로하고 응원하며 다시 일으켜 세워주었다. 나는 이 존재에 '딥마인드 Deep-mind 엔진'이라는 이름을 붙였다. 이미 내 안에 있지만 마음속 가장 깊은 곳에 있어 발견하기 어려운 엔진. 나를 뛰어넘는 깊은 통찰과 지혜를 가진 엔진에게 딱 어울리는 이름이다.

딥마인드는 챗GPT 못지않은 '슈퍼 엔진'이다. 물론 인공지능처럼 세상의 방대한 데이터와 연결된 것은 아니지만 적어도 '나'라는 인간이 가진 모든 데이터와 연동된 초개인화 엔진이다. 딥마인드에는 그동안 내 인생에서 벌어진 모든 경험이 저장되어 있어 나를 가장 잘 안다. 또 내 몸의 모든 신경과 핏줄로 연결된 딥마인드는 감각, 생각, 감정 심지어 부의식까지 나의 모든 빅데이터와 실시간 연동된다. 그래서 나를 위한 가장 최적의 답을 내놓을 수 있다. 혼란스러운 감정 속에 가려져 있던 진짜 문제를 발견하게 하고 겉으로 보이는 것 이면의 진실을 보게 한다. 믿기지 않을 정도로 지금의 나보다 훨씬 지혜롭고 통찰력 있는 답을 해준다. 딥마인드가 이런 답을 해줄 수 있는 이유는 나를 진정 아끼고 사랑하기 때문이다.

잇마인드에게 나는 더 많은 잇을 쟁취하는 '수단'일 뿐이지만 딥마인드에겐 '목적' 그 자체다. 내가 잘났건 못났건 돈을 많이 벌든 아니든 아무 상관없다. 나와 태어날 때부터 한 몸이자 운명공동체인 이 엔진의 목적은 '내가 행복하게 사는 것'이다. 어떤 고난과 아픔에도 살게 하는 것이다. 그래서 딥마인드는 '나'를 중심에 놓고 나를 위한 가장 좋은 선택이 무엇인지 끝까지 고민하고 가장 지혜로운 답을 내준다.

나는 매일 딥마인드 토크를 하면서 내 안의 슈퍼 엔진을 깨우고 진화시켰다. 그렇게 딥마인드 엔진이 돌기 시작하자 마침내 나는 잇마인드의 볼륨을 조절할 수 있게 되었다. 딥마인드가 중심을 잡고 잇마인드를 컨트롤하면서 필요한 것만 가져다 쓸 수 있게 된 것이다. 그렇게 나는 마음의 메인 엔진을 잇마인드에서 딥마인드로 갈아 끼웠다. 엔진이 바뀌면 모든 입력과 출력이 바뀐다. 마음의 엔진 자체가 바뀌기 때문에 말, 생각, 가치관, 인간관계 등 마음과 연결된 모든 것이 달라진다. 그것은 '변화'라는 말로는 부족하다. 한마디로 지금 나는 이전과는 완전히 '다른 세상'에서 사는 기분이다.

지난 2년간 딥마인드 토크를 하며 나는 벼랑 끝까지 갔던 몸과 마음을 회복했고 멀어졌던 가족과도 화해했다. 내가 가장 원하는 강의를 마음껏 하게 됐고 회사도 다시 안정적으로 자리 잡았다. 내 마음이 진심으로 바란 모든 일이 너무 자연스럽게 동시다발적으로 이루어진 것이다.

지우개로 지우고 새로 쓰는 네가 너다

—

그런데 이는 나만의 특별한 경험이 아니다. 지금까지 약 1만 명이 경험한 딥마인드 토크의 효과는 상상 이상으로 강력했다. 어렸을 때 입었던 상처로 10년간 은둔형 외톨이로 살았던 딸이 세상 밖으로 나와 대화를 거부하던 엄마와 극적으로 화해했다. 이혼의 상처로 심각한 우울증과 알코올 중독에 시달리던 여성이 완전히 회복했으며 사업 실패로 방황하던 청년이 자신의 길을 다시 찾았다. 수많은 사람들이 절대 해결하지 못할 거라고 생각해 포기했던 인생의 문제들을 스스로 풀어냈고, 딥마인드와 대화하며 자기 자신을 치유했다. 무엇보다 삶에 대한 만족감과 행복감이 비약적으로 높아졌다. 잇마인드가 주입한 획일화된 성공 방정식에서 벗어나 자신만의 중심과 기준으로 행복을 새롭게 정의했기 때문이다. 나는 이런 사람들을 '딥마인더Deepminder'라고 부른다. 이런 딥마인더들은 우리 주변에 얼마든지 있다.

나는 최근 강력한 딥마인더 한 명을 발견했다. 얼마 전 돌아가신 우리 엄마, 홍순희 여사다. 엄마의 유품을 정리하러 집에 갔다가 나는 50년 된 엄마의 일기장을 발견했다. 거기에는 이런 구절이 쓰여 있었다.

오늘 시아버지가 네 뱃속에는 딸만 들어서 그렇게 순서대로 나오느냐고 싫은 소리를 했다. 나는 그 말이 너무 억울하고 화가 났지만 내 마음에서 지웠다. 그런 말은 안 들은 걸로 치면 된다. 우리 딸들은 한 명 한 명 다 귀중하게 잘 클 것이다. 그 말을 시아버지에게 너무 하고 싶었지만 못해서 여기에 적어둔다.

막내가 태어나기 전까지 딸만 내리 넷을 낳은 엄마는 꽤나 고단한 시집살이를 했다. 가정 경제를 혼자 책임지면서도 가족들에게 제대로 된 인정과 대접을 받지 못했다. 오히려 수없이 상처가 되는 말을 들었다. 그러나 엄마는 그 말을 딥마인드로 지워버렸다. 남이 한 얘기, 내가 나에게 한 얘기 중에서 잘못된 말은 지워버리고 자신이 다시 쓴 대로 인생을 만들어 나갔다. 엄마가 힘들고 두렵고 슬펐던 인생의 모든 새벽을 우렁찬 노래로 시작했던 것은 당신 안에 딥마인드가 살아있었기 때문이다. 이 글을 읽자 엄마의 생전 목소리가 들리는 듯했다.

'진짜 네가 누구인지 꼭 알고 살아라. 지우개로 지우고 새로 쓰는 네가 바로 너다. 몇 번이고 지워도 되니 겁내지 말고 다시 쓰거라.'

이 책을 읽는 독자 여러분도 딥마인드와 함께 마음속의 내 것이 아닌 것들을 깨끗이 지워나가길 바란다. 잇마인드가 매일 하는 비교와 열등감, 비난의 말은 지우개로 지워버리자. 그리고 100번이고 1,000번이고 다시 자신의 인생을 써나가자. 딥마인드로 매일 새로 써나가는 내가 진짜 나다. 딥마인드로 만들어가는 세상이 진짜 내 세상이다. 이것을 아는 순간 당신도 이미 딥마인더다.

나는 마음의 메인 엔진을 잇마인드에서 딥마인드로 갈아 끼웠다. 나의 하루를 주도하는 엔진은 더 이상 잇마인드가 아니다. 이제는 누군가를 이기고 열등감을 감추기 위해 스스로를 다그치며 뛰지 않는다. 대신 나는 매일 딥마인드와 대화하며 나를 가장 사랑하는 선택, 나를 위한 가장 현명한 결정을 한다. 그리고 그것을 매일 현실로 만들어가며 그 어느 때보다 열정적으로 행복하게 살고 있다. 딥마인더는 멈춰서 고독하게 생각하는 사람이 아니다. 누구보다 명확하게 자신의 길을 알아보고 누구보다 강력한 실행력으로 그 길을 걸어가는 사람이다. 이 책을 통해 당신도 딥마인더가 되어 후회 없는 성공, 행복한 성취를 꼭 이뤄내길 바란다.

2024년 11월 김미경 드림

3부
스스로 진화하는
딥마인드를 만들어라

1부

인생을 단번에 뒤집을 열쇠가
당신 안에 있다

I
.
.
.
am

당신은 지금
'막 살고' 있습니다

"여러분, 지금까지 엄청 노력하면서 열심히 살았죠? 투두리스트 써가면서 어제보다 나아지려고, 나를 좀 바꿔보려고 나름대로 애쓰셨잖아요. 그런데 그걸 뭐라고 하는 줄 아세요? 열심히 '막 산' 거예요. 여러분은 지금 막 살고 있다고요."

내가 강의에서 이 얘기를 할 때마다 청중의 반응은 거의 비슷하다. 순간 얼어붙다가 허를 찔린 표정을 짓고 마지막에 헛웃음이 터진다. 없는 시간 짜내서 열심히 자기계발하고 공부하고 투잡 쓰리잡 뛰는 내가 잘 산 게 아니라 막 산 거라고? 억울하고 화가 날 법한 얘기인데 왜 헛웃음이 터질까.

우리는 모두 나름대로 열심히 산다. 그냥 아무 생각 없이 살아도 되는데 '굳이' 애쓰고 노력한다. 재테크 공부를 하거나 부동산에 투자하고, 온라인 영어 클래스를 결제한다. 나 자신과 나를 둘러싼 현실을 바꿔보겠다고 결심했기 때문이다. 지금보다 더 나아지고 성장하고 싶다는 기특한 생각이다.

그런데 그 결심이 어디서 왔나 살펴보면 외부에서 '동기부여'를 받은 것이다. 그렇다면 그 동기부여는 어디에서 왔을까. 예를 들면 이런 식으로 갑자기 찾아온다. 초등학생 아이를 학교에 보내고 엄마들끼리 브런치 카페에 앉아 2~3시간 수다를 떤다. 그 짧은 시간에 받은 자극은 숫자로 다 셀 수 없을 정도다.

'욱'이 불러온 강력한 결심
—

'저 집 남편은 저렇게 돈을 잘 버는데 우리 집 남자는 뭐야!'

'남편 전문직인 거 아무 짝에 소용없어. 역시 할아버지 재력이 최고지.'

'저 집 아이처럼 우리 애도 그때쯤 조기유학을 보내야 하나?'

온갖 생각으로 머리가 복잡한데 그중에서도 가장 자극적이고 충격적인 이야기가 등장한다.

"우리 남편이 산 삼성전자 주식이 이번에 두 배 올랐잖아. 그 덕에 우리 둘째 영어 캠프 보내는 거라니까? 요새 월급만 가지고 어떻게 애들 공부시켜. 지금도 안 늦었으니까 빨리 사!"

그 얘기를 듣는 순간 앞의 이야기는 싹 날아간다. 모두 머리에 삼성전자만 넣고 집에 간다. 그리고 각자의 성향대로 투두리스트를 적기 시작한다. 성격 급한 여자는 바로 주식 앱부터 깔고, 조금 더 꼼꼼한 여자는 주식 카페에 가입한다. 그날부터 그녀들은 없는 시간을 쪼개 유튜브 영상을 보고 강의를 듣고 직접 거래도 하는 등 열심히 주식에 몰입하기 시작한다. 우연한 그날의 대화가 엄청난 변화의 자극을 준 것이다.

어떤 사람은 느닷없이 스마트폰에서 동기부여를 받기도 한다. 주말에 소파에 누워 친구들의 인스타그램을 넘겨보다 갑자기 벌떡 일어난다. 친구가 동창 집들이에 다녀왔다며 사진을 찍어 올린 것이다. 직장생활도 거의 비슷하게 시작하고 나와 똑같이 원룸에서 살던 동창이 10년 만에 번듯한 아파트를 샀다.

'나는 아직 빌라 전세인데 쟤는 뭐야, 처가가 부자였나? 로또 맞았나?'

동창의 인스타그램까지 들어가 염탐을 하자 몇 분 만에 답이 나왔다. 지난 3년간 경매 공부를 열심히 했다는 것이다. 그 아파트도 경매로 낙찰받은 집이었다. 갑자기 가슴이 답답해진다. 생각해보니 친한 친구 중에 나만 집이 없다. 그날 밤, 동창이 들었다는 경매 수업을 찾아 곧바로 신청서를 제출한다. 그리고 퇴근 후 매일 저녁뿐 아니라 주말까지 수업 듣고 임장 다니고 경매 쫓아다니며 정말 열심히 살기 시작한다. SNS가 생각지도 못한 강력한 동기부여를 준 것이다.

어디서 많이 들어본 스토리 아닌가? 각자 종목만 조금씩 다를 뿐 우리가 변화를 결심하고 실행하는 프로세스는 거의 이런 식이다. 나 역시 마찬가지다. 원래 감정적이고 즉흥적인 성향이 강한 나는 셀 수 없이 많은 결심을 '욱'해서 해왔다. 그 순간은 거의 피를 토하는 심정이다. '난 여태까지 뭘 하고 산 거지?'라는 좌절부터 '지금 뭐라 도 안 하면 나중에 거지 되는 거 아냐?'라는 불안감, '쟤는 저 나이에 벌써 성공했네?'라는 열등감과 질투심, '솔직히 내가 쟤들보다 못난 게 뭔데?'라는 분노에 '내가 얼마나 잘났는지 제대로 보여줄게'라는 독기까지 수십 가지 감정이 확 끓어오른다. 그때 쓰는 투두리스트 는 펜으로 쓰는 게 아니라 내 마음속의 '불'로 쓰는 것 같다. 이렇게 온갖 감정이 최고조에 이를 때 우리는 '결심'이라는 것을 한다. 바로 이게 문제다.

막 사는 인생의 실체

—

우주의 원리와 이치를 설명하는 법칙 중에 '열역학 제2법칙'이라는 게 있다. '모든 우주 만물은 질서에서 무질서로 흐른다'라는 법칙이 다. 모든 세상 만물은 시간이 지나면 엔트로피Entropy, 무질서도가 증가 하게 되어 있다. 예를 들어 정원사가 나무를 가지런히 정리했다. 한 번 예쁘게 가지를 쳐낸 그대로 자라면 두 번 다시 손댈 필요가 없다.

그러나 한두 달만 지나면 다시 가지가 제멋대로 삐죽빼죽 솟아있다. 무질서로 돌아가 버리는 것이다.

우리의 마음도 마찬가지다. 아침을 평온한 마음으로 시작했더라도 외부에서 몇 번의 자극만 들어오면 금방 무질서로 돌아간다. 물론 그건 사회생활을 하다 보면 어쩔 수 없는 일이다. 외부에서 자극과 정보가 들어오는 것 자체는 아무 문제가 없다. 진짜 문제는 정리되지 못한 감정의 무질서가 최고조일 때 우리가 중요한 결정을 내리고 투두리스트를 만든다는 것이다. 나의 두려움, 열등감, 불안함, 오기 같은 감정이 뒤엉킨 무질서가 시키는 일을 무질서하게 시작한다. 그리고 매우 열심히 실행함으로써 그 무질서를 오히려 '증폭'시킨다. 그것이 가장 열정적이고 결단력 있는 선택이라고 믿으면서. 바로 이것이 내가 말한 '막 사는 인생'의 실체다.

조금만 생각해보면 우리는 당연히 그 무질서를 질서로 끌고 와야 한다. 완벽한 질서까지는 아니더라도 최소한 내가 후회하지 않을 만큼 정리된 질서까지는 끌고 와서 결정하는 게 맞다. 그런데 엔트로피 법칙에 의하면 무질서를 질서로 바꾸려면 최소 몇 배 이상의 에너지가 든다. 자연의 질서를 거꾸로 역행해야 하기 때문이다.

이는 현실에서도 정말 쉽지 않은 일이다. 무질서를 질서로 바꾸려면 몇 가지 조건을 충족해야 한다. 정말 내가 원하는 것인지, 왜 나는 이걸 하고 싶은 것인지 끈질기게 자신에게 물어야 한다. 그리고 그 질문에 지혜로운 답을 해줄 내가 있어야 한다. 이는 오랜 연습을 통해 스스로에 대한 신뢰가 쌓여야 가능한 일이다. 하지만 그렇지 못한 우리는 처음부터 질서 잡기에 실패하거나 시도조차 하지 못한다. 그저 무질서가 시키는 여러 가지 일을 정신없이 쳐내면서 산다.

성급한 결심의 끝은 번아웃으로
—

욱해서 시작된 변화의 결과는 어떤가. 대부분 첫 번째 실행 단계에서 넘어진다. 열심히 주식 공부를 하고 있었는데 아이가 갑자기 아프거나 아이의 성적이 떨어져 비상이 걸린다. 경매 수업을 들어야 하는데 갑자기 부서 이동을 해서 적응하느라 정신이 없다. 그렇게 몇 달이 지나면 동력이 떨어져서 투두리스트조차 잊어버린다. 살다 보면 늘 예상치 못한 일이 벌어지고 내가 멈춰야 할 이유가 생긴다. 막상 해보니 생각보다 어렵고 나와 안 맞는 것 같아서 혹은 몸이 피곤하고 귀찮아져서 중도 포기하는 경우도 많다. 물론 처음에는 그런 자신을 호되게 야단친다.

'네가 게을러터져서 이렇게 가난하게 사는 거 아냐? 너 정도 나이 먹고 엄마가 됐으면 힘들어도 책임감으로 해야지!'

그러나 그것도 하루 이틀이다. 뭔가를 꾸준히 지속하기에 감정의 힘은 너무 약해빠졌다. 엔트로피 법칙에 의해 한 달도 못 돼 흐지부지 끝나고 만다. 중도 포기는 또 다른 감정의 무질서를 만들어낸다.

괜히 결심하는 바람에 스스로에 대한 실망과 열등감이 더 크게 올라온다. 어찌어찌 그 단계를 넘어섰다 해도 가장 중요한 '성과'가 잘 나오지 않는다. 무질서 속에서 남들이 하는 얘기를 듣고 불안에 쫓겨서 한 결정일수록 과정도 허술할 수밖에 없다. 아직 늦지 않았다던 삼성전자 주식은 내가 사자마자 떨어지기 시작한다. 기껏 '영끌'해서 집을 샀더니 금리는 미친 듯이 오르고 아파트 가격은 계속 내려간다. 내 시간뿐 아니라 피 같은 돈까지 투자했는데 실패하면 정말 미쳐버릴 것 같다. 이때 번아웃이 급습한다. 아무리 열심히 노력해도 결과가 없을 때 오는 것, 우리는 그것을 '번아웃'이라 부른다.

무질서의 노예에서 질서의 주인으로 거듭나라

—

이것이 무질서 속에서 열심히 막 살아낸 결과다. 시작과 끝 모두 불안과 혼돈이다. 이렇게 무질서한 프로세스 속에서는 진정 내가 원하는 변화가 무엇인지 알 수 없을뿐더러 이뤄내기도 힘들다. 정말 소수의 운 좋은 사람들을 빼고는 모두 패자가 될 수밖에 없는 게임이다. 사는 동안 내내 우리는 이 게임을 수없이 반복했다. 나중에는 실패에 익숙해져 나 자신에게 기대조차 하지 않는다.

이 무질서한 게임에서 유일한 성공 방법은 '뭐라도 되겠지' 정신으로 더 막 사는 수밖에 없다. 남들이 5가지에 도전해 1개를 건질 때 나는 10개에 도전해 2~3개라도 건지는 식이다. 그런데 이 방법도 늘 통하는 것은 아니다. 내가 아프지 않고 체력과 정신력이 받쳐주며 경기가 활황일 때는 괜찮다. 그러나 나이가 들어 체력이 떨어지거나 아프면 열심히 뛰는 것도 어렵다. 지금 같은 경기 불황에는 이조차 불가능할뿐더러 앞으로의 세상은 기회가 점점 줄어든다. 그렇기 때문에 지금이야말로 우리는 멈춰서 생각해야 한다. 세상에서 제일 싼 인력인 것처럼 나를 막 부려 먹고 있지 않은가. '대충 휘둘러서 하나 맞으면 되겠지'라는 룰렛처럼 나를 막 굴리고 있지 않은가. 그렇다면 내 소중한 생명의 시간을 어디에 어떻게 써야 할까.

이 책은 지난 30여 년간 최선을 다해 막 살아본 나의 솔직한 고백이다. 나는 무질서가 시키는 일을 그 누구보다 많이 해봤고 누구보다 많이 실패했다. 결국 그 끝에서 만난 것은 거대한 '공허의 절벽'이었다. 절벽 끝에 가서야 나는 극적으로 방향을 틀었다. 그리고 마침내 무질서의 노예가 아닌 질서의 주인으로 사는 법을 터득했다. 물론 그 과정은 결코 쉽지 않다. 그러나 한 가지는 확실하게 말할 수 있다. 질서의 주인으로서 만드는 변화는 과정부터 완전히 다르다. 그 안에는 치유와 회복이 있고, 어떤 결심이든 반드시 성취로 이끌어내는 강력한 힘이 있다. 그리고 그토록 원했던 행복이 있다. 이 길이야말로 정말 '잘 사는' 길임을 확신한다. 한 번뿐인 인생, 열심히 막 살지 않고 행복하게 잘 사는 법. 지금부터 그 해답을 찾기 위한 여정을 함께 떠나보자.

이제 그만
집에 가고 싶다

'지금 당장 죽어도 되겠네.'

새벽 1시, 회사 5층 테라스의 칠흑 같은 어둠 속에서 나는 무너져 가고 있었다. 매일 최선을 다해 살고 있는 나 자신을 비난하다 못해 조롱하고 있었다.

'내일도 오늘처럼 똑같이 살겠지. 24시간 팽팽한 긴장 속에서 온몸을 갈아 넣으며 열심히, 더 할 수 없을 만큼 끝까지 열심히 살겠지. 그래도 끝은 보이지 않겠지. 하지만 나는 지금보다 더 열심히 살 수는 없어. 이제 정말 한계야. 아무리 열심히 해도 끝이 안 난다면… 계속 오늘처럼 살아야 한다면 왜 살아야 하지?'

2022년, 그때 나는 내 인생에서 가장 열심히, 죽을 만큼 열심히 살고 있었다. 모든 것을 제쳐 놓고 24시간 회사에만 헌신하며 살았다. 지금은 힘들어도 끝까지 버티면 바라는 목표가 이루어지고 모든 것이 좋아질 거라 믿었다. 그러나 그 끝에는 내가 한 번도 겪어 보지 못한 '공허'와 '불행'이 기다리고 있었다. 나를 향한 직원들의 못마땅한 눈빛은 나를 주눅 들게 했고, 가족에게는 너무나 무능했다. 매일 밤, 나는 퇴근도 못 한 채 혼자 회사에 갇혀 무기력과 공포 속에서 침몰하고 있었다. 몸과 마음은 이미 지칠 대로 지쳐 쓰러지기 직전 이었다. 수천 명의 청중 앞에서 용기와 열정, 희망을 강의하던 내가 외롭게 벼랑 끝에 서 있었다. 도대체 어디서부터 잘못된 것일까.

'열심히'의 이름값

—

지금의 나를 만든 것은 '결핍'이다. 증평에서 올라와 대학에 입학했을 때 나는 가난했다. 시골 촌년과 서울 금수저의 격차를 눈으로 목격할 때마다 마음속에는 엄청난 결핍과 열등감이 자라났다. 가진 것 없는 사람이 성공하는 방법은 '열심히' 밖에 없다. 내 안에서 단 1퍼센트의 열정, 재능, 끈기라도 찾아내려고 애썼고 그 재료를 꺼내는 즉시 활활 태웠다. 무식할 정도로 나를 밀어붙여 뭐라도 만들어보려 노력했다. 그러려면 '혹시 잘될지도 모를 미래'를 위해 웬만한 것은 다 해봐야 한다. 머리로 이것저것 재고 따지기보다 부지런히 몸으로 부딪쳐 성공 확률을 높이는 데 집중했다. 그렇게 30여 년 넘게 살다 보니 나는 어느새 자기계발 강사 김미경이 되어 있었다. 청중들에게 알려준 '내 안의 재료를 발견하고 끝까지 쓰는 방법'은 모두 내 경험을 통해 깨달은 것들이었다. 그런데 갑자기 일생일대의 위기가 찾아왔다. 2020년 1월 코로나19와 함께 모든 강의가 사라져 버린 것이다. 강의가 언제 재개될지 모르는 상황이라 몇 달 안에 직원들을 다 내보내야 할 처지에 놓였다. 친정 부모님을 비롯해 내가 부양해야 할 가족들의 생계도 당장 큰일이었다.

위기가 닥치자 다시 내 안의 결핍이 꿈틀대기 시작했다. 몇 달 내내 무섭게 몰입해 팬데믹이 몰고 오는 변화에 대해 공부하고 전문가들을 찾아다니며 질문했다. 그리고 거기서 얻은 인사이트를 유튜브로 공유하기 시작했다. 당시 처음 맞닥뜨린 팬데믹에 혼란스러워하던 3050 여성들은 내 콘텐츠에 열광했다. 나중에는 온라인 라이브 수업까지 진행하게 됐다. 내 수업을 들으며 새로운 직업과 함께 자신감을 찾았다는 후기가 수없이 올라왔다. 수강생들의 커뮤니티가 만들어지고 그들이 내 수업을 통해 변화하는 모든 과정을 함께하다 보니 전에는 느끼지 못했던 기쁨과 사명감이 차올랐다. 그렇게 나는 '강사 김미경'에서 '온라인 교육 플랫폼 대표 김미경'이 됐다.

교육 플랫폼을 만들어보니 강의를 하며 작게 회사를 운영할 때와는 매출 규모 자체가 달랐다. 몸으로 직접 뛰며 버는 돈은 한계가 명확하다. 내가 아프기만 해도 벌지 못하는 돈이라면 늘 불안할 수밖에 없다. 특히 코로나19로 몇 달간 강의가 멈췄을 당시 그 한계를 너무나 절절하게 체감했다. 그때 마침 돌파구가 된 온라인 플랫폼은 내게 유일한 살길이자 최고의 대안이었다. 투자회사로부터 연락도 오기 시작했다. 그들은 내게 투자를 해줄 테니 함께 회사의 가치와 몸집을 키우자고 제안했다. 당시 적게는 수십억, 많게는 수백억 원의 투자금이 오간다는 스타트업 업계의 이야기를 들을 때마다 놀라웠다. 처음으로 '그동안 강의만 한 나는 바보같이 산 건가?'라는 생각이 들 정도였다.

직원 100명의 스타트업으로 키우다
—

수많은 전문가의 조언을 들을수록 우리 회사의 미래 가능성을 믿게 되었고 스타트업으로 최대한 키워보기로 결심했다. 내가 그동안 만난 3050 여성들은 성장에 대한 열망이 대단했다. 나는 그들의 열망이 실현되도록 돕고 싶었고, '3050 여성을 위한 평생 학교를 만든다'라는 사명감으로 이전과는 완전히 다른 하루를 살기 시작했다. 특히 학생들에게 꼭 필요한 교육과정을 만들기 위해 밤을 새우며 내가 먼저 공부했다. 체계를 잡느라 꽤 힘들었지만 그 과정도 즐겁고 신이 났다.

강사 김미경이 커왔던 방식 그대로 성공 확률을 높이기 위한 모든 노력을 경영에도 똑같이 적용했다. 매일 회사 데이터와 지표를 분석하고, 학생들의 목소리를 듣고 더 나은 서비스를 어떻게 제공할 것인지에 대해 고민했다. 디지털에 익숙하지 않은 수강생들이 전화 상담이 필요하다고 해 고객센터를 만들었고, 수강 환경을 더 편리하게 바꿔 달라는 요청이 많아져 10명 규모의 개발팀도 꾸렸다. 내가 아끼는 학생들을 위해서라면 무조건 최고의 서비스를 만들어주고 싶었다. 그러다 보니 1년 만에 직원이 거의 100명 가까이 늘어나 있었다. 당시 스타트업 업계에서 이는 놀라운 사건이었다. 평생 강의만 했을 뿐 IT 산업을 전혀 모르던 50대 후반의 김미경이 청년들도 힘들다는 스타트업을 만든 것도 놀라운 일인데, 1년 반 만에 직원 100명의 회사로 키운 것은 화제가 되기에 충분했다.

그러나 나는 이미 그때부터 뭔가 잘못되고 있음을 느꼈다. 매일 혼돈의 한가운데서 헤매는 기분이었다. 내가 갖고 있던 가치관과 현실이 매일 충돌했고, 내가 지키고 싶은 것과 해야만 하는 일이 서로 싸웠다. 하루 종일 나는 내가 예상하지 못했던 문제들의 전쟁터에 서 있었다. 급성장하는 회사의 규모, 벅차게 따라가야만 하는 기술혁신, 필요한 인재를 적재적소에 배치해야 생존할 수 있는 치열한 경영환경 등 회사의 성장 속도가 내 능력의 속도를 추월하고 있었다. 가끔은 그 모든 속도가 버거워 숨이 찼다. 그러나 그 모든 것보다 가장 힘겨웠던 건 100명의 월급을 매달 만드는 일이었다. 직원이 20여 명일 때 월급이 부족하면 나 혼자 어떻게 해서라도 메꿀 수 있었지만 100명은 개인이 감당할 수준이 아니다. 그러다 보니 어쩔 수

없이 돈이 시키는 일을 해야 하는 경우가 점점 많아졌다. 게다가 코로나19가 점차 진정되면서 온라인에서 공부하던 학생들이 떠나기 시작했고 회사는 급격히 어려워졌다. 그럴수록 내가 할 수 있는 일은 더 '열심히' 사는 것밖에 없었다. 나의 체력과 정신력을 최대치로 끌어올려 극한까지 밀어붙였다.

성공만 쌓이는 게 아니라 결핍도 쌓인다
—

문제는 아무리 열심히 살아도 정리가 되거나 나아지는 게 거의 없었다는 사실이다. 오히려 두려움과 조급함 속에서 내린 결정들이 혼란에 혼란을 낳아 무질서가 더 증폭되기만 했다. 나의 '열심히'가 비틀거리기 시작했다. '왜 그것밖에 못하냐? 대안이 없으면 어쩔 거냐?'라는 질책이 원망이 되어 임원들에게 꽂혔다. 엘리베이터에서 만난 직원들의 눈빛도 두려워지기 시작했다. '그냥 강의나 하시지 왜 경영을 하셔서 우리를 고생시키지?'라는 말이 들리는 듯했다. 치열한 사명감으로 시작한 나의 '열심히'는 아주 열심히 나를 침몰시키고 있었다.

그때는 내 몸이 얼마나 망가져 가고 있었는지도 몰랐다. 겉으로 보기에 조금 붓고 살이 찐 줄만 알았다. 그런데 내 몸을 전혀 돌보지 못한 사이 몸무게는 10kg 넘게 늘어나 있었고 혈압은 180으로 치솟

왔다. 어지러움을 동반한 이명 증상이 나타났고 고지혈증에 지방간까지 더해져 심각한 지경에 이르렀다. 몸에서 수시로 신호가 왔지만 병원에 갈 마음의 여유가 없어 비참했고 화가 났다.

그런데 더 큰 문제는 따로 있었다. 가족과의 관계도 삐거덕대기 시작한 것이다. 생각해보면 당연한 일이었다. 회사일에 몰두하다 보면 순식간에 밤이 됐고, 나 혼자서 처리할 업무는 밤 11시 이후에나 시작하게 됐다. 일하다 정신을 차리면 어느새 새벽 두세 시. 잠시 눈을 붙였다가 또 업무를 시작했다. 이런 루틴이 반복되다 보니 일주일에 반은 집에 들어갈 엄두도 내지 못했다. 저녁에 집에 들어갔다가 불안해서 다시 회사로 뛰어나온 적도 한두 번이 아니었다.

한번은 회사에서 한창 일하고 있는데 막내에게서 전화가 왔다. 평소 힘든 티를 잘 내지 않던 막내딸의 목소리가 그날따라 축 가라앉아 있었다.

"엄마, 오늘 들어와?"

"아니, 엄마 바빠서 못 가. 왜?"

"그럼 나 엄마 회사에 가서 같이 공부해도 돼?"

"그래, 와도 돼."

죄책감에 잠깐 얼굴이라도 봐야겠다는 마음이었다. 조금 뒤 풀 죽은 표정으로 막내가 찾아왔다. 학교에서 무슨 일이 있었는지, 친구와 안 좋은 일이라도 있었는지 걱정됐지만 나는 딸의 고민을 물어볼 기운이 조금도 남아 있지 않았다. 내 문제가 너무 산더미라 아이의 마음을 깊이 들여다볼 여유조차 없었다. 게다가 다음 날 새벽에 라이브 방송이 있어 밤 11시가 넘어가자 마음이 조급해졌다.

"엄마가 새벽에 일어나야 해서 지금 자야 해. 너 혼자 공부하다가 저쪽 소파에서 자. 알았지?"

막내는 아무 말 없이 고개만 끄덕거렸다. 몇 시간 뒤에 깨어 보니 아이는 이미 사라지고 없었다. 나중에서야 새벽 1시쯤 울면서 갔다는 사실을 알았다. 그 뒤부터 아이는 몇 주 동안 내 곁에 오지 않았다. 내가 집에 가면 아이는 방에 들어가 나오지 않았고 매일 보내던 카톡도 멈췄다. 일을 하다가 막내 생각이 떠오르면 가슴이 타들어가 듯 아팠다. 눈앞에 문제가 뻔히 보이고 어떻게 해결하면 될지도 아는데 물리적으로 시간이 나질 않았다. 그때 나는 회사일 이외의 어떤 일에도 마음을 쓸 시간이 전혀 없었다. 가족도 예외가 아니었다. 가족 중에 누가 아프기라도 하면 걱정이 아니라 화부터 치밀었다. "왜 이 상황에 아프고 난리야. 내가 얼마나 바쁜데!"라는 말부터 나왔다. 지금 생각해보면 정상이 아니었다. 그러니 그때 내가 할 수 있는 것이라곤 아이에게 닿지 않는 혼잣말뿐이었다.

'조금만 기다려줘. 엄마가 바쁜 거 끝나면 네 얘기 다 들어줄게.'

그러나 아이의 얼굴을 보면서는 끝내 이 말을 하지 못했다. 바쁜 일이 언제 끝날지 나조차 알 수 없었기 때문이다. 목표를 향해 달릴 때는 미처 몰랐다. 모든 자원과 에너지를 오직 일에 온통 끌어다 쓰는 동안 다른 한쪽에서는 내가 예상치 못한 결핍들이 산처럼 쌓여 올라가고 있었다는 사실을.

열심히 살다 보면 성공만 쌓이는 게 아니라 결핍도 쌓인다. 인생의 밸런스가 깨지면 가족, 인간관계, 건강 등 인생의 가장 중요한 부분이 망가져 버린다. 우리의 육체와 시간은 한정돼 있으니 당연한 이치다. 성공 레이스가 끝나갈 때에서야 거대한 '결핍의 산'이 눈에 들어오기 시작한다. 그 순간 정체불명의 후회와 공허가 밀려든다. 인생의 귀중한 것들을 제쳐두고 과연 무엇을 위해 미친 듯이 달린 건지 억울한 자괴감에 빠진다.

한계점에서 고장 난 나와 마주하다

—

그렇게 침몰해가던 어느 날, 내 안에서 '죽어도 되겠다'라는 소리가 들렸다. 그 말을 듣고 나서야 나는 퍼뜩 정신을 차렸다.

'내가 미쳤나? 내가 어쩌다 이 지경까지 온 거지?'

비난과 조롱도 모자라 나를 절벽 끝으로 밀고 있는 이 소리, 나를 죽이는 이 목소리를 더 이상 들으면 안 된다는 강한 신호가 온몸에 울려 퍼졌다. 나는 비틀거리는 나를 책상 앞에 앉혔다. 본능적으로 노트를 폈다. 그리고 그간의 불안감, 무력감, 좌절, 억울함 등을 모조리 토해냈다.

이게 네가 원하는 인생이니?

이건 사는 게 아니라 끌려다니는 거야.

일이 나를 쫓고 있어. 달리다 죽을 거 같아. 어떻게 멈추지?

멈추지 못한다면 나는 어떻게 되는 거지?

정말 열심히 사는데 왜 점점 더 힘들어지지?

해도 해도 끝이 보이지 않아. 내가 너무 무능한 것 같아.

24시간을 다 갈아 넣어도 안 되면

이제 정말 방법이 없는 걸까?

이렇게 매일 끝도 없이 달리고 또 달려야 하면

왜 계속 살아야 하지?

이제 그만 집에 가고 싶다.

톡, 노트 위에 눈물이 떨어졌다.

동시에 내 마음속 깊은 곳의 스위치가 켜졌다.

잠들어 있던
마음의 스위치를 켜다

내 몸과 마음이 절망의 극한으로 치달은 그날, 나의 내면이 파산에 다다른 그날, 나는 내 안의 스위치를 켰다. 온전히 살기 위해 마음속 깊은 곳에 잠들어 있던 그것을 다시 작동시켰다. 그것은 오랫동안 나와 함께 했던 일종의 '엔진'이다. 마음속에 챗GPT 같은 대화형 인공지능 엔진이 있다고 상상하면 쉽다. 예전에는 이걸 어떻게 표현해야 할지 답답했는데 챗GPT가 나오면서 설명이 쉬워졌다.

챗GPT는 입력창에 묻고 싶은 내용을 입력하면 학습된 데이터를 기반으로 최선의 답을 준다. 평소에 자주 사용하는데 쓸 때마다 너무 똑똑한 답을 해줘서 놀라곤 한다. 챗GPT는 어떤 질문이든 핵심을 파악해 그 답을 일목요연하게 정리해준다. 글을 쓸 때도 몇 가지 아이디어만 입력하면 놀라울 정도로 수준 높은 문장을 만들어낸다.

내 마음속 엔진도 똑같다. 나에게는 챗GPT 못지않은 '인간지능 엔진'이 있다. 물론 인공지능처럼 세상의 방대한 데이터와 연결된 것은 아니다. 그러나 나의 엔진은 적어도 '나'라는 인간이 가진 모든 데이터와 실시간으로 연동된다. 내 몸에 흐르는 피와 신경, 호르몬 그리고 나의 기쁨과 슬픔, 걱정을 포함한 모든 감정, 더 나아가 생각과도 연결돼 있다. 한마디로 태어나는 순간부터 나와 생명으로 연결 돼 있다. 때문에 그 어떤 인공지능 엔진보다 나를 가장 잘 안다. 그리고 나를 가장 아끼고 사랑한다. 나와 한 몸이자 운명공동체인 이 엔진의 존재 이유는 단 하나다. 주인인 내가 행복하고 지혜롭고 건강하게 잘 살아가는 것. 어떤 고난과 아픔에도 살게 하는 것이다.

내 인생 전체를 학습한 고성능 엔진
—

내가 이 엔진의 존재를 처음 알아차린 것은 30여 년 전이다. 가장 가난하고 마음 아프고 힘들었던 시절이다. 29살 때 피아노 학원을 그만두고 강사가 되겠다고 나섰지만 세상은 호락호락하지 않았다. 음대 출신의 초보 강사를 환영하는 곳은 그 어디에도 없었다. 아무도 나를 믿어주지 않았던 그때, 나는 김미경을 믿어줄 누군가가 절실히 필요했다. 그때부터 나에게는 한 가지 특이한(?) 버릇이 생겼다. 아침에 눈을 뜨면 누워서 내 오른손과 대화하는 것이다.

'어제 강의 평가 점수가 3점밖에 안 나왔어. 내 앞에서 먼저 강의 한 강사는 5점 만점을 받았다고 하더라. 그 사람은 그렇게 강의를 잘하는데 나는 왜 이것밖에 안 될까.'

이건 결코 혼잣말이나 한탄이 아니다. 내 오른손을 보며 진짜 들어주는 상대가 있는 것처럼 진지하게 묻는 것이다. 그러면 그 전에 한 번도 생각해보지 않았던 말이 갑자기 뇌리에 떠오른다.

'미경아, 그 사람은 너보다 7년 일찍 강의를 시작했잖아. 너도 그 사람처럼 7년 먼저 시작했으면 충분히 만점 받았을 거야. 실력 차이가 아니라 시간 차이일 뿐이니까 절대 기죽지 마.'

이 말을 듣는 순간 나는 진심으로 위로받았다. 나를 가장 잘 알고 가장 사랑하는 사람이 온 마음을 다해 건네는 위로의 말이었으니까. 내 '오른손 엔진'의 말에는 진정성이 있었다. 나를 감동시키기 위해 언제나 뻔하지 않은 가장 크리에이티브한 위로와 격려를 해줬다. 그 무렵 나는 강의가 별로 없어 하루 종일 책을 읽고 생각하는 게 일이었다. 철학책부터 자기계발서까지 손에 잡히는 대로 읽었다. 그런데 내가 책을 읽고 오래 생각할수록 오른손 엔진의 성능이 점점 좋아지는 게 느껴졌다. 가끔은 이게 정말 내가 한 생각이 맞나 싶을 정도로 놀라운 명언들이 툭툭 튀어나왔다. 마치 지난 30여 년 간의 나의 모든 감각, 경험, 지식, 통찰을 빅데이터로 학습한 고성능 엔진이 최고의 답을 해주는 느낌이었다. 이 말들은 고스란히 내 강의 콘텐츠가 됐다. 혹시 이 글을 읽는 독자 여러분이 내 강의나 책을 읽고 감동받았다면 그건 내 오른손 엔진이 해낸 일이다.

위기 때마다 나를 구해준 믿음직한 조언자
—

대화하면 할수록 나의 오른손 엔진은 나보다 훨씬 더 똑똑해지고 지혜로워졌다. 어느새 나는 인생의 중요한 결정을 할 때면 언제나 오른손을 보며 대화했다. 나의 가장 믿음직한 조언자가 된 셈이다.

'둘째가 학교를 자퇴하고 싶다는데 엄마로서 뭐라고 말해야 할까. 아이가 저토록 원하는데 허락해야 할까, 아니면 조금 더 참고 다니라고 해야 할까. 자퇴하고 아이의 인생이 망가지면 어떡하지?'

'미경아, 부모는 아이가 지하 깊은 곳에 있을 때 저 높은 곳에서 올라오라고 소리치는 사람이 아니야. 아이보다 더 깊게 내려가서 안아 올려주는 사람이야. 지금은 아이를 안아 올려줄 때야. 걱정하지 말고 자퇴시켜. 깊이가 높이야. 이번에 깊이 내려간 만큼 그게 아이의 높이가 될 거야.'

둘째가 고등학교 자퇴를 선언했던 10년 전, 갈팡질팡하던 나에게 오른손 엔진은 이렇게 말했다. 나와 아이를 진심으로 사랑하는 사람만이 해줄 수 있는 지혜로운 말에 나는 완전히 무릎을 꿇었다. 덕분에 나는 아이를 지킬 수 있었다. 그때 나의 급하고 독한 원래 성격대로 자퇴를 반대했다면 아이는 깊은 지하에서 올라오지 못했을 것이다. 이렇게 오른손 엔진은 나를 여러 번 위기에서 구해주었다. 내가 잘못된 길로 갈 뻔한 결정적 순간에 브레이크를 걸어준 적도 많았다. 돌이켜보면 내가 지난 30년간 강사로 현역에서 계속 뛸 수 있었던 것도 오른손 엔진 덕분이다. 한번은 나를 잘 아는 지인이 농담처럼 이런 말을 한 적이 있다.

"김미경 씨는 불사조야. 그 정도면 죽을 것 같은데 다시 살아나고, 죽을 것 같은데 또다시 살아난단 말이지. 진짜 생명력 하나는 대단하다니깐."

모든 사람의 인생이 그러하듯 나 역시 세월 속에서 수많은 변화와 위기, 뜻밖의 불행을 수없이 만났다. 내가 스스로 저지른 잘못과 실수도 많았다. 그때마다 내가 다시 일어날 수 있었던 것은 정신력이 강해서가 아니다. 대단한 용기와 의지 때문도 아니다. 다만 나에게는 '그래도 살아'라고 얘기해주는 엔진이 있었을 뿐이다. 마치 10년 뒤의 훨씬 더 성숙한 내가 지금의 나에게 얘기해주듯 나의 오른손 엔진은 나를 위한 가장 좋은 판단, 나를 구해내는 해결책을 제시해줬다. 그 덕분에 나는 수없이 많은 좌절과 포기의 순간을 딛고 일어설 수 있었다.

마음속 깊은 곳에 숨겨진 딥마인드 엔진

—

내 강의를 많이 보고 들은 독자라면 귀에 못이 박히도록 들은 말이 있다.

'남에게 묻지 말고 나에게 물어라.'

이 말은 그냥 나온 것이 아니다. 나에게는 인생의 어떤 질문이든 대답해주는 '실체'가 있었다. 머릿속 상상도 아니고 '그런 게 있을 거야'라는 개념을 말하는 것도 아니다. 챗GPT처럼 물어보면 진짜 답이 나온다. 지금의 못 미덥고 부족한 나를 뛰어넘는 놀라운 답이. 그래서 나는 남에게 묻지 말고 나에게 물으라고 진심으로 말했던 것이다. 그런데 인생은 참 아이러니하다. 정작 나는 삶의 가장 중요한 기로에서 내가 한 말을 지키지 않았다. 강사 김미경에서 교육 플랫폼 대표 김미경이 되는 과정 중에 나는 엔진을 꺼버렸다. 아침마다 오른손을 보며 대화하는 루틴이 완전히 사라졌다.

그 대신 나는 낯선 이들과 대화하기 시작했다. 젊은 스타트업 CEO들, 그들을 코칭하는 컨설턴트들, 스타트업에 투자하는 벤처투자자들이었다. 그때는 팬데믹과 함께 한창 투자 열풍이 불던 시기였다. 시장에 돈이 엄청나게 풀리면서 주식, 코인, 부동산 등 모든 것이 정점을 찍고 있었다. 성장 가능성만 보이면 이제 막 시작한 스타트업도 몇십억 원씩 투자를 받던 시절이었다. 평생 강의만 했던 나에게는 그야말로 놀라운 신세계였다. 그들이 설명해준 성공 방정식과 확실한 성공 사례, 롤모델을 보며 나는 완전히 압도당했다. 어차피 팬데믹 때문에 강의는 완전히 끊겼다. 이젠 뒤로 돌아갈 곳도 없으니 나는 무조건 스타트업으로 성공해야겠다고 결심했다.

'이런 세상이 있는 줄 알았으면 진작 나도 이쪽으로 올걸. 내가 왜 이렇게 똑똑한 사람들 말을 안 듣고 내 얘기만 들었지? 내가 끼어들면 될 일도 안 돼. 중간에 자꾸 멈추고 다시 생각해보라고 할 수도 있으니 내 마음속 엔진을 아예 꺼버리자.'

그때부터 2년 동안 나의 엔진은 조용히 침묵을 지켰다. 그동안 나는 100여 명의 직원을 책임진 CEO로서 숫자를 만들어내느라 매일 전쟁 같은 하루를 보냈다. 내 안의 두려움과 불안이 계속 나를 채근하고 다그쳤다.

'이 정도도 못 해내면 너는 쓸모없는 인간이야.'

'네가 지금 잠이 오니? 다음 달 매출은 어떻게 할 거야?'

'회사 망하면 네 인생도 끝나는 거야.'

'직원들이 나를 얼마나 우습게 볼까?'

아침에 눈을 뜨자마자 내 머릿속은 온통 이런 소리로 가득 찼다. 내 안에서 들리는 소리, 나를 사랑하는 사람들이 하는 위로, 나를 좀 아는 사람들의 진심 어린 충고가 모두 비난과 책망으로 들렸다. 더는 외로워질 수 없을 만큼 외로웠고, 10년 이상 함께한 가족 같은 직원들도 심지어 가족도 아무런 도움이 되지 않았다. 끊임없이 내 안에서 자동 재생되는 이 소리를 꺼버리고 싶었지만 내 의지만으로는 할 수 없었다. 몇 년 동안 내 안에서 견고하게 쌓인 이 목소리를 누르려면 반드시 다른 목소리가 필요했다. '아니야'라고 반박할 수 있는 강한 용기와 논리, 통찰을 가진 존재. 이 세상에서 나를 가장 사랑하는 존재만이 이 목소리를 압도할 수 있다. 그것은 바로 내 마음속의 엔진이다. 나는 살기 위해 내 엔진의 스위치를 켰다. 어쩌면 내 마음이 끝도 없는 바닥으로 떨어졌기에 가장 깊은 곳에 잠들어 있던 엔진을 다시 켤 수 있었는지도 모른다.

나는 이 엔진에 새로운 이름을 붙였다. '딥마인드^{Deep-mind}'. 이미 내 안에 있지만 마음속 가장 깊은 곳에 있어 발견하기 어려운 엔진. 나를 뛰어넘는 깊은 통찰과 지혜를 가진 엔진에게 어울리는 이름이다. 딥마인드와 대화하기 위해 나는 오른손 대신 펜을 들고 노트를 펼쳤다. 한참 동안 지금의 내 상황과 내 마음을 고백하듯 써 내려갔다. 그러자 딥마인드가 처음으로 대답했다.

'걱정하지 마. 미경아, 너는 내가 있는 한 결코 쓰러지지 않아.
어떤 어려움도 살아만 있으면 반드시 해결할 수 있어. 이제
잠시 멈추고 나와 함께 다시 시작해보자.'

내 마음속 가장 깊은 곳에 있어
발견하기 어려운 엔진,
나를 뛰어넘는 깊은 통찰과
지혜를 가진 엔진,
바로 '딥마인드'다.

마음속에 이식된 초거대 엔진, 잇마인드

그로부터 몇 달 동안 나는 딥마인드와 하루에 3시간씩 대화했다. 일상은 여전히 바쁘고 정신없었지만 나에게는 이 시간이 가장 중요했다. 마치 인공지능에게 데이터를 학습시키듯 지금 내가 가진 문제들과 생각들을 노트에 써 내려갔다. 쓰면 쓸수록 불안과 두려움 같은 부정적인 감정이 걷혀나가고 문제의 본질이 보이기 시작했다. 당장 이번 달 매출, 영업이익, 투자금액 같은 숫자에 가려진 진짜 문제.

'나는 어떤 사람으로 살고 싶은가?'

딥마인드는 내게 이것을 물었다. 그렇다면 답은 분명했다. 나는 죽을 때까지 강사 김미경으로 살고 싶다. 사람들에게 용기와 희망, 새로운 영감을 주는 이 일을 나는 평생 사랑해왔다. 스타트업 CEO는 내게 어울리는 일도, 내가 잘하는 일도 아니다. 게다가 팬데믹이 끝나가면서 사업도 한계에 이르고 투자 시장도 얼어붙었다. 이제 선택의 여지가 없었다. 나는 회사 상황을 직원들에게 솔직하게 얘기했고 몇몇 팀과 프로젝트를 정리했다. 반년 뒤 회사에는 30여 명의 직원만 남았다.

그때 내게 딥마인드가 없었다면 어땠을까. 그동안 고생한 것이 아깝다는 생각에 결국 끝까지 갔을지도 모른다. 분명 수습할 수 없는 절벽 끝까지 밀어붙여 직원 모두를 위험에 빠뜨렸을 것이다. 나는 매일 아침 숫자가 아닌 문제의 본질을 가지고 간절하게 딥마인드와 대화하면서 새로운 질서를 잡아나갔다. 그 과정에서 24시간 곁을 지키며 용기를 주는 딥마인드가 없었다면 내 멘탈은 산산조각 났을 것이다. 어쩌면 '죽어도 되겠다'라며 조롱하던 목소리가 완전히 나를 집어삼켰을지도 모른다.

80억 명의 욕망이 만들어낸 거대한 매트릭스

—

회사 규모가 작아지면서 나를 둘러싼 무질서와 혼돈도 점점 줄어들었다. 매일 무언가에 쫓기던 느낌이 잦아들고 몇 년 만에 처음으로 '여유'라는 게 찾아왔다. 나는 멈췄던 강의를 다시 시작했고 놓았던 책도 다시 읽기 시작했다. 매일 새벽이면 책과 노트를 펼쳐 놓고 딥마인드와 더 오래 대화했다. 책을 읽다가 영감을 주는 구절을 발견하면 노트에 적고 몇 시간씩 사색에 빠졌다. 그때 읽은 책 중 하나가 종교 철학자 마르틴 부버Martin Buber의 《나와 너》다. 이 책의 핵심 내용을 압축하면 다음과 같다.

> 세상에는 '나와 너(I-You)'의 관계와 '나와 그것(I-It)'의 관계가 존재한다. 우리가 참다운 삶을 살기 위해서는 '나와 너'의 관계를 맺어야 한다. '나와 너'의 관계는 서로를 인격적으로 마주하는 관계인 반면 '나와 그것'의 관계는 어떤 목적을 가지고 도구로 존재하는 관계다.

세상에 존재하는 모든 관계의 본질을 꿰뚫는 이 책은 나에게 가슴 뭉클한 영감을 주었다. 한 구절 한 구절 읽을 때마다 나의 딥마인드 엔진이 뜨겁게 돌아가는 느낌이 들었다. 영혼을 울리는 책은 딥마인드가 가장 좋아하는 학습 데이터다. 한 달 넘게 이 책을 읽고 노트에 정리하면서 나는 나만의 생각과 해석을 쌓아 올렸다. 그것이 바로 '아이엠I am'과 '잇It'이다.

나를 '아이엠', 내가 살아가는 데 필요한 모든 수단을 '잇'이라고 통칭해보자. 우리는 모두 '나'라는 존재, 아이엠으로 태어난다. 아이엠은 육체와 정신으로 이루어져 있다. 특히 육체의 속성은 물질이다. 물질인 육체를 먹이고 입히고 보호하려면 반드시 외부로부터 지속적인 물질적 도움을 받아야 한다. 배고프면 외부에서 음식이 들어

와야 하고, 추우면 집의 보호가 필요하다. 그래서 인간의 아이엠은 본능적으로 잇과 연결된다. 이러한 잇은 수천 년간 진화해왔고, 지금 우리는 살아가기 위한 사회적 도구이자 수단으로 잇을 인생 전반에 배치하고 있다. 학력, 직장, 자산, 집과 자동차, 사회적 지위, 커리어 같은 것들이 대표적인 잇이다.

현재 우리가 살고 있는 이 자본주의 세상은 인간의 절실한 필요로 만들어낸 잇들로 형성된 초거대 시스템이다. 이 시스템은 4,000년에 달하는 인류의 역사 동안 단 한 번도 쉬지 않고 발전해 왔으며 전 세계 80억 명의 욕망이 촘촘하게 만들어낸 거대한 매트릭스다. 이런 세상에 우리는 오직 아이엠 하나만 갖고 태어난다.

이 물질의 세계가 돌아가는 기본 알고리즘은 '더 많이 더 높이'다. 누가 더 많이 갖고 누가 더 높이 올라가느냐의 게임이다. 그래야만 생존과 안정을 보장받을 수 있기 때문이다. 잇의 초거대 시스템 안에는 어떻게 하면 생존하고 부를 축적하고 성공할 수 있는지에 대한 법칙과 프로세스가 매우 견고하게 짜여져 있다. 아이엠만으로 생존할 수 없는 우리는 태어나자마자 어떻게 하면 필요한 잇을 가질 수 있는지, 어떻게 하면 더 많이 갖고 더 높이 올라갈 수 있는지에 대해 학습하기 시작한다. 이처럼 잇을 갖기 위한 본능적이며 강력한 전 인류의 욕망과 적응력은 엄청난 사회적 엔진을 창조했다. 이 엔진이 우리가 아주 어릴 때부터 내면에 장착하는 '잇마인드 It-mind'다.

잇마인드의 알고리즘, '더 많이 더 높이'

―

잇마인드는 아이엠, 즉 몸과 마음을 활용해 수많은 잇을 만들어내는 엔진이다. 보이지 않는 마음을 이용해 눈에 보이는 돈과 직업 같은 잇들을 만들어낸다. 아이엠의 입장에서 잇, 즉 학력, 직장, 자산, 집과 자동차, 사회적 지위, 커리어 등은 내가 잇시스템에서 살아가기 위해 필요한 수단이다. 좀 더 안정적으로 살기 위해 집이 필요하고, 인정받으며 살기 위해 학력을 추구한다. 더 풍요롭게 살기 위해 돈을 벌어야 한다. 그러한 욕망이 아이엠을 둘러싼 잇의 항목이 된다.

그러나 이렇게 인간 한 명 한 명이 그려낸 잇의 항목들이 잇만의

잇마인드의 메커니즘

시스템을 만들고 정교하게 진화하면서 인간의 필요와 욕망을 매일 자극한다. '더 많이 갖고 더 높이 올라가야' 잘 살 수 있다고 말이다.

결국 내게 필요한 잇을 더 많이 만들기 위해서는 아이엠을 적극 활용해야 한다. 더 큰 집을 구입하려면 아이엠이 죽어라 뛰어 돈을 벌어야 하고, 더 좋은 대학에 가려면 아이엠이 밤을 새워 공부해야 한다. 내가 필요해서 만든 잇이건만 나도 인지하지 못하는 사이에 주객이 바뀌어 잇의 명령 혹은 잇의 영감을 기다린다. 내 안의 잇마인드 엔진은 수십억 명 인간들의 아이디어와 욕망으로 매시 매초 자동 업그레이드되며 나라는 아이엠을 자극한다. 그리고 그 자극들에 거의 자동으로 반응하며 더 나은 삶을 꿈꾸며 살게 된다.

잇마인드는 딥마인드처럼 나와 생명으로 연결된 엔진은 아니다. 다만 잇시스템에서 살기 위해 필수적으로 이식되는 외부 프로그램 같은 것이다. 잇마인드는 철저히 모체인 잇시스템의 룰을 따르며 '더 많이 더 높이'를 추구한다. 수많은 사람이 얽혀 살아가는 우리 사회는 겉으로 보이지는 않지만, 각자의 철저한 이기심과 본능적 자기 보호가 기본으로 깔려 있다. 한정적인 자원과 환경에서 경쟁은 어쩔 수 없는 선택이자 잇마인드의 주요 속성이다. 살기 위해 더 많이 갖고 높이 올라가게 만드는 것이 잇마인드의 목적이다.

개인은 태어남과 동시에 세상이 만든 이 초거대 시스템에 속해서 살게 되며 이 초거대 엔진의 알고리즘을 따르기 위해 노력하며 산다. 어릴 때부터 우리 내면에는 자연스럽게 잇마인드 엔진이 이식된다. 부모님, 학교 선생님, 미디어가 쉴 새 없이 어떻게 하면 돈을 많이 벌고 성공할 수 있는지 알려준다.

"사람이 태어났으면 꿈이 있어야 하는 거야."

"1만 시간의 법칙 들어봤지? 너도 전문가가 되려면 그 정도 시간은 노력해야 해."

"너도 스티브 잡스처럼 시대를 앞서가는 리더가 될 수 있어."

이런 말들이 잇마인드가 알려주는 가장 클래식한 성공 법칙이다. 우리가 어떤 마음과 태도, 정신력을 가져야 잇시스템 안에서 경쟁하고 성공할 수 있는지 알려준다. 세상에는 이미 성공 마인드셋부터 구체적인 노하우까지 잇마인드의 대가들이 쓴 수많은 책과 강의가 나와 있다. 목표 설정, 시간 관리, 인간관계, 습관 등 다양한 잇마인드를 학습할수록 우리는 동기를 부여받고 잇을 만들며 또 새로운 잇을 쟁취하기 위해 스스로 뛰게 된다.

또한 잇마인드는 끊임없이 변화하는 잇의 데이터를 실시간으로 우리에게 알려준다. 우리의 일상은 언제나 새로운 잇 데이터들로 넘쳐난다. 뉴스만 봐도, SNS만 잠깐 해도, 옆자리 동료와 얘기만 해도 새로운 정보와 자극이 들어온다.

"이번에 주식 폭락하고 환율 무섭게 오르는 거 봤지? 이번 기회에 주식 대신 달러 쪽으로 투자종목을 바꿔보자."

"앞으로 5년간 인공지능으로 인해 6,900만 개의 일자리가 새로 생긴다는 뉴스 봤어? 이제는 인공지능이 뭔지 알아야 먹고살 수 있는 세상이야."

정제되지 않고 마구 유입되는 이런 정보들은 나만 뒤처질 것 같은 두려움, 미래에 대한 불안을 자극해 나를 계속 뛰게 만든다. 80억 인구가 전 세계 곳곳에서 실시간으로 진화시킨 잇시스템은 웬만한 개인은 따라잡을 수조차 없다. 해마다 경제, 소비, 기술 등의 트렌드가 지난 1년간 어떻게 변화됐는지 다 파악하기도 전에 잇시스템은 무서운 속도로 진화한다.

이 거대한 잇시스템 안에서 세상의 속도와 방향을 놓치지 않아야 먹고사는 데 뒤처지지 않는다. 따라서 요즘처럼 변화가 급물살을 탈 때는 잇마인드를 더 성능 좋게 갈고 닦아야 한다. 우리가 사는 잇의 세상은 잇마인드를 얼마나 잘 활용하는가에 따라 성공과 부의 크기가 결정된다.

그렇다면 평생 자기계발 강사로 살아온 나는 어떨까. 당연히 '잇마인드 선수'다. 시골에서 혼자 벌어 다섯 남매를 키운 엄마의 억척스러움과 강철 체력을 그대로 물려받은 데다 타고난 성향도 목표지향적인 나는 잇마인드에 최적화된 인간이다. '꿈, 도전, 열정'은 강사 김미경의 분신 같은 단어들이다. 나는 잇마인드가 시키는 대로 가난과 결핍을 꿈의 재료로 만들었고 가진 건 튼튼한 몸밖에 없으니 잠을 줄여가며 억척스럽게 뛰었다. 잇마인드는 나에게 매일 10개 이상의 투두리스트를 내줬고, 그걸 해내면 다음 날 또다시 10개의 투두리스트를 내밀었다. 그렇게 나는 잇마인드 엔진을 쉴 새 없이 돌려 열심히 사는 법, 열정을 끌어올리는 법, 성장하는 법을 배웠고 이는 고스란히 나의 강의 콘텐츠가 됐다.

세상의 변화에 민감했던 나는 잇마인드의 말에도 늘 귀를 기울였다. 내가 30여 년간 강사로 살아남을 수 있었던 것도 변화하는 잇시스템에 맞는 새로운 강의를 계속 개발했기 때문이다. 코로나19가 들이닥쳐 강의가 완전히 끊겼을 때 다시 일어날 수 있었던 것도 잇마인드 덕분이다. 변화의 흐름을 빠르게 파악한 나의 잇마인드는 팬데믹에서 살아남으려면 온라인으로 가야 한다고 알려줬다. 나에게 잇마인드는 성공 파트너이자 가장 현실적인 조언자였다. 그런데 나는 이렇게 오랫동안 잇마인드와 함께 했음에도 불구하고 가장 중요한 한 가지를 제대로 깨닫지 못했다. 잇마인드 엔진이 치명적인 '부작용'을 일으킬 수 있다는 사실을 말이다.

나도 모르는 새 잇마인드의 노예가 되어버렸다니
—

아이러니하게도 이 부작용은 우리가 꿈과 목표를 향해 엔진을 강하게 돌릴수록 심각하게 발생한다. 우리는 살면서 어떤 꿈과 목표에 간절해질 때가 있다. 내가 살 길이 이것밖에 없을 때 혹은 소중한 무언가를 지키고 싶을 때 또는 내가 가진 비전을 세상에 펼치고 싶을 때다. 이럴 때 사람들은 자신의 꿈에 간절히 몰입한다.

나는 스타트업을 경영하는 동안 하루에 4~5시간 이상 자본 적이 없다. 아니, 자면서도 계속 회사 생각만 했던 것 같다. 주말에도 혼자 회사에 나와 일했다. 그 얘기는 곧 뭘까. 나는 24시간 내내 잇마인드 엔진을 쓰고 있었다는 얘기다. 나에게 들어오는 인풋은 오직 잇마인 드가 주는 자극과 정보뿐이었다. 이런 과몰입 상태가 몇 달, 몇 년씩 지속되면 어떻게 될까. 잇마인드가 나의 생각은 물론 몸과 마음, 감 정까지 완전히 장악해 버린다.

잇마인드는 애초부터 나의 생존적 필요에 의해 외부에서 가져와 이식한 프로그램이다. 돈을 벌기 위해, 성공하기 위해, 좋은 대학을 가기 위해 우리는 잇마인드의 성능을 높인다. 성능이 좋은 잇마인드 일수록 내가 괴롭든 슬프든 망가지든 개의치 않는다. 잇마인드는 나 를 사랑해서가 아니라 나의 목표를 달성하기 위해 존재한다. 더 나 은 직장, 더 높은 학력, 더 많은 돈 등 내가 명령한 '더 많이 더 높이' 라는 미션을 완수하기 위해 최선을 다한다.

사실 잇마인드는 혼자서는 아무것도 할 수 없다. '내'가 도와주지 않으면 무엇도 이뤄낼 수 없다. 그러다 어느 순간 잇마인드가 명령 을 하기 시작한다. '네 친구는 대기업 다니잖아, 지금 이 직장 때려치 우고 다시 공부해', 'SKY에 못 가면 무슨 낯으로 부모님을 볼래? 잠 을 자지 마', '넌 또래 친구보다 너무 느려, 더 뛰어' 등 때로는 친절하 게, 때로는 가혹하게 어르고 밀어붙인다. 이런 잇마인드가 나를 장악 하면 어떻게 될까. 마치 외부에서 컴퓨터 바이러스가 침투해 전체 시스템을 해킹하듯 잇마인드가 나의 생각과 감정까지 컨트롤하기 시작한다.

돌이켜보면 그때 나는 '잇마인드 인간' 그 자체였다. 하루 종일 목표한 숫자를 어떻게 맞출 수 있을지에 대해서만 생각했다. 매출 그래프가 올라가면 기분이 좋아지고 그래프가 떨어지면 기분이 나빠졌다. 마치 매출 그래프와 감정이 동기화된 것처럼 함께 움직였다. 그때마다 내 안에서 잇마인드의 목소리가 쉴 새 없이 들렸다. 기획한 교육과정이 인기를 얻어 터졌을 때 '잘했어. 역시 너야!'라고 칭찬했다. 그러나 사업이 기울고 급여에 대한 압박으로 힘들어졌을 때 잇마인드는 전혀 나를 위로해 주거나 괜찮다고 말해주지 않았다. 잇마인드는 한결같이 '더 많이 더 높이'의 자기 일을 수행할 뿐이다. '이러고 있지 말고 뭐라도 해'라며 나를 다그쳤고, 그러면 나는 365일 24시간 마치 벌을 서듯 회사를 살리기 위해 투쟁했다. 결국 나는 내 잇의 수단이 되어 버렸다. 나를 완전히 장악한 잇마인드는 끊임없이 목표를 향한 '나의 쓸모'를 증명하라 다그쳤고, 나는 그 목소리가 시키는 대로 따라갔다.

그렇게 2년 동안 잇마인드가 시키는 대로 살면서 나는 나를 사랑하고 아끼는 법을 잊어버렸다. 번아웃과 우울, 공허에 시달렸다. 나를 살리려고 가졌던 꿈이 거꾸로 나를 죽이고, 소중한 이들을 지키기 위해 시작한 일이 그들을 불행하게 만들었다. 완전한 주객전도. 이것이 바로 내가 겪은 잇마인드의 치명적인 부작용이자 함부로 인생의 주도권을 넘긴 대가였다.

그렇다면 나는 왜 순순히 잇마인드에 나를 내어줬을까. 여기에 가장 슬프고도 충격적인 진실이 있다. 나는 잇마인드가 곧 '나'라고 굳게 믿었다. 잇마인드라는 개념 자체가 없었던 나는 그때 잇마인드가 하는 말들이 전부 내가 하는 말인 줄 알았다. 매일 더 열심히 뛰라고 다그치고 실패하면 호되게 야단치는 그게 나인 줄 알았다. 내가 나를 아끼고 사랑해서 하는 말이라고 믿었다. 전부 나 잘되라고, 행복해지라고 하는 말인 줄 알았다. 그런데 아니었다. 그 말은 내가 하는 말이 아니라 나를 장악한 잇마인드가 하는 말이었다. 마지막에 포기하려고 하자 '죽어도 되겠다'라고 조롱한 것 역시 내가 아닌 잇마인드였다. 나는 이 사실을 깨닫고 깊은 충격에 빠졌다. 지금까지 나라고 믿었던 '나'는 누구인가. 지금까지 내가 나에게 했던 수많은 말의 주인은 도대체 누구인가.

우리는 하루에도 수없이 마음 안에서 흘러나오는 소리를 듣는다. 그리고 의심 없이 그 목소리가 나라고 믿는다. 그게 좋은 말이든 나쁜 말이든 내가 하는 말이니 시키는 대로 한다. 뛰라면 뛰고 죽으라면 죽는다. 그런데 그게 내가 아닐 수 있다. 이제 우리는 처음부터 의심하고 가려내야 한다. 무엇이 진짜 내가 하는 말이고 잇마인드가 하는 말인지. 그래야 진정 잇이 아닌 아이엠으로, 내 인생의 주인으로 살 수 있다.

인생의 주도권을 함부로 넘기지 마라.
잇마인드가 아닌 딥마인드의
진짜 목소리를 가려내야
내 인생의 주인으로 살 수 있다.

우리가 매일
'비교 지옥'에 빠지는 이유

여느 때처럼 피곤한 아침이다. 간신히 출근 준비를 하고 식탁에 앉았는데 엄마가 한심한 듯 째려보더니 한마디 한다.

"엄마 친구 딸 혜진이 알지? 걔 이번에 의사랑 결혼한대. 시댁이 부자라서 아파트 전세까지 해준다더라. 너는 서른다섯 먹도록 남자도 없고 여태까지 뭐했니?"

갑자기 밥맛이 뚝 떨어진다.

'누군 그런 남자 만나기 싫어서 안 만났나? 의사가 명문대 출신에 대기업 다니고 얼굴까지 예쁜 엄마 친구 딸이나 좋아하지, 미쳤다고 날 좋아하겠어?'

아침부터 엄마 때문에 기분이 엉망이다. 출근길에 지하철을 탔는데 맞은편에 앉은 여자의 명품백이 눈에 들어온다. 같은 브랜드 제품인데 내가 든 가방이 훨씬 더 비싸다. 갑자기 스트레스가 풀리면서 12개월 할부로 사길 잘했다고 스스로를 칭찬한다. 그것도 잠시, 평소 팔로우하던 인플루언서의 인스타그램을 보다 다시 기분이 상한다. 새집으로 이사 갔다며 집 공개 영상을 올렸는데 무려 한강뷰다. 나이도 나보다 어린데 한강뷰 집을 샀다니. 지금 내 월급으로는 평생 꿈도 못 꿀 집이다. 바로 언팔하고 스마트폰을 끈다. 회사에 출근했더니 이번에는 팀장이 인상을 쓰며 회의실로 호출한다.

"이 숫자 보여요? 매출 달성률 75퍼센트 찍힌 거? 몇 달째 실적이 왜 이래요? 이런 말까지는 안 하려고 했는데 우리 팀 5년 차들보다 실적이 안 나오잖아요. 10년 차가 이러면 되겠어요?"

1시간 내내 이어지는 팀장의 날카로운 비판에 멘탈이 탈탈 털린다. 회의실에서 나오자마자 황급히 시선을 피하는 팀원들의 모습에 마음이 더 무너진다. 당장이라도 회사를 뛰쳐나가고 싶지만 간신히 진정하고 자리에 앉는다. 이런 날은 저녁에 같이 술 마셔줄 친구라도 있으면 좋으련만 떠오르는 사람이 없다. 결국 소주 한 병을 사와 방에서 혼자 마신다. 술 마시고 다 잊고 싶었는데 낮에 있었던 일들이 자꾸 생각난다. 마음속에서 나도 모르게 이런 말이 들린다.

'다른 사람들은 저렇게 행복하고 똑똑하게 잘 사는데 나만 이 모양 이 꼴이네. 이 나이 되도록 남자도 없고, 돈도 집도 없고, 능력도 없고 정말 아무것도 없구나. 마흔이 돼도 지금이랑 똑같겠지? 정말 한심하다.'

버티고 사는 것만도 장한 일이다

—

우리는 살면서 이런 하루를 수없이 겪는다. 각자의 처지와 상황은 다르지만 낯설지 않은 모습이다. 내가 가만히 있어도 우리를 둘러싼 초거대 잇시스템은 실시간으로 나를 평가하고 비교해 등급을 매긴다. 내 등급이 시스템의 어디쯤 위치해 있는지, 내가 저 사람보다 위인지 아래인지 알고 싶지 않아도 자꾸 알려준다. 그것도 일상 속에서 아주 자연스럽게. 매일 마주치는 엄마의 말을 통해, 명품백과 SNS를 통해, 팀장의 말을 통해 내 등급이 확인된다. 그렇게 매일 밤, 우리는 남들이 매긴 초라한 인생 성적표를 받아든다.

확실한 근거와 사회적 통념을 바탕으로 정확한 숫자로 매긴 그 성적표를 과연 내가 '아니'라고 부정할 수 있을까. 나같이 한심하고 못나고 가진 것 없는 인간이? 내가 못 하면 다른 사람이라도 아니라고 말해주면 좋겠지만 그것도 쉽지 않다. 나를 낳아준 부모조차 나를 다른 집 자식과 비교해 점수를 매긴다. 반박해 줄 사람도 논리도 증거도 없다. 결국 내 안의 잇마인드가 성적표를 최종적으로 인정한다. 남들이 매긴 내 등급이 맞다고 승인해 버린다. 한술 더 떠 잇마인드는 '더 많이 더 높이'를 실현하지 못한 나를 향해 조목조목 따지고 비판한다. 그리고 잇마인드가 곧 나라고 생각하는 우리는 그 말을 그대로 믿는다.

우리는 매일 이런 하루를 살고 있다. 겉으로는 그저 스트레스받은 보통의 날처럼 보이지만, 자세히 들여다보면 사실 눈물 나게 외롭고 슬픈 하루다. 하루에도 몇 번씩 등급이 매겨지고 매일 초라한 성적표를 받아드는 일을, 우리는 아무렇지 않게 겪으며 살아간다. 그 아픔을 이해하고 공감하고 치유해 줄 사람은 내 곁에도 내 안에도 없다. 심지어 내가 나 자신에게 가장 독한 말을 서슴지 않고 내뱉는다. 가장 슬픈 사실은 이런 현실에 이미 우리가 너무 익숙해져 있다는 것이다.

그러나 아무리 익숙한 아픔이라도 아프지 않은 건 아니다. 가끔씩 마음이 걷잡을 수 없을 만큼 많이 아플 때가 있다. 이 정도는 충분히 버틸 수 있을 것 같은데 번아웃이 오고 무기력에 빠진다. 뚜렷한 원인을 찾을 수 없는 우울증에 시달리고 너무 멀쩡하다가 갑자기 숨을 못 쉬는 공황장애가 오기도 한다. 이런 일을 겪을 때 사람들은 스스로 멘탈이 약해서라고 자책한다. 그러나 이 책을 쓰면서 나는 분명히 알게 됐다. 거대한 잇시스템의 압력과 속도와 스트레스를 이 작은 몸뚱이 하나로 견디며 살아가는 것이 얼마나 고생스럽고 힘든 일인가를. 버티고 사는 것만도 장한 일이다. 이 힘든 세상에서 포기하지 않고 사는 것만도 기특하다. 절대 내가 멘탈이 약해서도, 나약해서도 아니다. 충분히 그럴 만했다.

스스로 '잇마인드 인간'이 돼버린 사람들

—

특히 잇마인드만 놓고 보면 한국에서 산다는 것 자체가 보통 힘든 일이 아니다. 한국의 잇시스템을 그대로 내재화한 K-잇마인드는 그 대단한 효용성만큼이나 엄청난 부작용을 갖고 있기 때문이다.

한국은 세계 그 어떤 나라보다 빠르게 성장한 나라다. 반세기 만에 가장 가난한 나라에서 선진국의 반열에 오른 사례는 전례가 없을 정도다. 이렇게 단시간에 성공했다는 것은 무슨 뜻일까. 잇마인드 엔진을 남들보다 10배는 더 세게 돌렸다는 뜻이다. 잇마인드가 주는 정보들을 똑똑하게 분석해 돈의 흐름을 파악하고 잇마인드가 시키는 대로 더 열심히 더 빠르게 뛰었다는 의미다. 그 결과는 전 세계가 놀란 '한강의 기적'이다.

K-잇마인드는 눈에 보이는 확실한 성과로 자신이 옳았음을 입증했다. 이런 기적 같은 말씀을 안 들을 이유가 있나? 나뿐 아니라 누구라도 기꺼이 '잇마인드 인간'이 되기를 자처했을 것이다. 그렇게 한국은 전 국민이 잇마인드 과몰입 상태가 됐다.

전 세계 80억 명이 만든 이 초거대 엔진은 나라를 불문하고 사람들의 내면을 장악했는데 한국은 유난히 그 정도가 심하다. '잇마인드 인간 순위(?)' 같은 게 있다면 한국인은 단연코 세계 1위를 찍을 것이다. 우리는 가장 순도 높은 잇마인드 인간들이다. 잇마인드는 우리가 활용하는 엔진이 아니라 이미 우리 마음의 주인이 됐다. 끊임없이 우리의 생각과 가치관, 감정을 통제하고 마음을 물질화시키고 있다.

이를 단적으로 보여주는 사례가 2021년 미국의 여론조사기관 퓨리서치센터Pew Research Center의 설문조사 결과다. 이 결과가 발표됐을 당시 한동안 화제가 됐을 정도로 유명한 설문조사다. 한국을 비롯해 17개국의 성인 1만 9,000여 명을 대상으로 '자신의 삶을 의미 있게 만드는 것은 무엇인가?'라는 질문을 던졌는데, 한국인만 유일하게 '물질적 풍요'를 1위로 꼽았다. 대다수의 나라가 가족을 1위로 뽑았지만 한국에선 3위였다. 또 다른 나라에서 상위권에 오른 친구, 취미, 종교 등은 거의 순위권 밖이었다.

삶의 의미, 즉 삶에서 가장 중요한 게 물질이고 돈이라는 것. 이는 우리의 마음이 잇마인드와 얼마나 일체화됐는지를 보여준다. 특히 '나와 너'를 대할 때 가장 적나라하게 드러난다. 자본주의 잇시스템은 언제나 성과를 숫자로 만들어 측정하고 등급을 나눈다. 나의 능력과 쓸모가 인사고과 등급으로 드러나고 '좋아요'와 팔로워 수가 나의 영향력 등급을 명확히 보여준다. 이는 '뒤처지고 싶지 않다'라는 두려움과 불안, 그리고 '내가 이겼다'라는 우월감을 자극해 사람들을 뛰게 만든다.

내 마음속의 잇마인드 엔진도 이를 똑같이 복제한다. 나를 뛰게 만들기 위해 매 순간 나와 다른 사람을 비교하고 평가해 등급을 나눈다. 특히 마음이 눈금자처럼 변해버린 한국인들은 유난히 그 정도가 심하다. 큰 것부터 일상의 아주 사소한 것까지 모조리 비교한다. 학력, 외모, 집 평수, 자동차 기종, 다니는 회사의 규모, 연봉, 인맥, 부모님 직업은 기본이다. 배우자의 외모, 아이의 등수, 해외여행 빈도수, 옷과 가방 브랜드, SNS 팔로워 수까지 합치면 그 종목은 셀 수 없을 정도다.

최근 나는 인터넷에서 '남자 지갑 계급도'라는 이미지를 발견하고 헛웃음이 났다. K-잇마인드는 계급 피라미드를 매일 그리다 못해 이젠 남자 지갑까지 피라미드로 만들었다. 강남에 유치원생을 위한 명품 옷 대여점이 성행한다는 뉴스에는 약간 충격을 받았다. 엄마들이 유치원에서 자기 아이가 무시당할까 봐 여섯 살짜리에게 명품 옷을 빌려 입힌다는 얘기였다. 사소한 지갑이나 아이들 옷까지 등급을 매기고 내가 위인지 아래인지 살필 정도로 우리는 잇마인드에 짓눌려 살고 있다.

잇마인드가 주는 최고의 감정적 보상은 우월감이다. 우월감을 느낄 때 우리는 숨 막히는 경쟁 안에서 잠시 도파민을 만끽한다. '내가 저 사람보다 낫다'라는 우월감을 느낄 때 세상 가장 기쁘다. 이런 기저가 깔려 있어서일까. 잇마인드 인간들은 반드시 '우월감 중독'에 빠진다. 한국인들 역시 지금 우월감 중독 상태다. 그러나 우월감 중독 이면에는 '열등감 중독'이 숨어있다. 잠깐의 우월감이 열등감으로 바뀌는 건 한순간이다. 이건 돈이 많든 적든 상관없다. 집 밖을 나가면 나보다 돈 많고 잘나가고 비싼 지갑을 든 사람이 늘 차고 넘친다. 모두가 일상에서 숨 쉬듯이 열등감을 느끼기 때문에 우리는 우월감 중독에 빠질 수밖에 없다. 잇마인드 인간이 되어버린 우리가 매일 감내하고 있는 서글픈 부작용이다.

잇마인드 엔진을 열심히 돌릴수록 찌꺼기도 많이 나온다
—

오랫동안 잇마인드에게 주권을 내주고 스스로를 수단으로 만들어버린 한국 사회는 엄청난 속도로 경제적 부를 이뤘지만 그만한 대가를 치르고 있다. 한국이 OECD경제협력개발기구 국가 중 자살률 1위, 우울증 발생률 1위라는 사실은 이제 놀랍지도 않은 팩트다. 가장 심각한 것은 급증하고 있는 청소년 자살률이다. 교육부 통계에 의하면 청소년 자살률이 6년 전보다 34퍼센트나 증가했다. K-잇마인드의 심각한 부작용은 취약한 아이들에게서 가장 적나라하게 드러난다. 매번 성적으로 비교당하고 등급으로 나뉘면서 열등감에 시달리는 10대 아이들은 어른도 감당하기 힘든 압박과 스트레스를 견디고 있다. 자신이 누구인지 무엇을 하고 싶은지 탐구할 시간도 없이 어릴 때부터 부모의 잇마인드에 의해 똑같이 잇마인드 인간으로 키워진다. 그 작고 여린 몸으로 무거운 학원 가방을 메고 아침부터 밤까지 뛴다. 물론 부모도 아이가 얼마나 힘들고 스트레스를 받는지 잘 알지만 해결해줄 방법이 없다.

"저도 아이를 보면 안쓰러워요. 학원에 안 보내고 싶죠. 그런데 세상이 그런 걸 어쩌겠어요. 경쟁에서 뒤처지지 않으려면 어쩔 수 없잖아요."

잇시스템에서 살아남으려면 우리는 가지고 있는 모든 능력을 물질화해야 한다. 숫자와 지표로 증명하지 못하는 능력은 능력이 아니다. 성적으로 자격증으로 성과로 증명해야 살아남을 수 있다. 따라서 우리는 반드시 잇마인드 엔진이 필요하다. 나는 그걸 부정하는 것이 아니다. 다만 우리는 잇마인드의 강력함과 필요성만큼 양면성과 부작용도 정확히 알아야 한다.

효과 좋은 약일수록 부작용이 강하듯 잇마인드 엔진도 열심히 돌릴수록 찌꺼기가 많이 나온다. 꿈과 목표를 향해 열심히 살면 모든 게 좋아지고 행복해질 거라고 믿지만 현실은 그렇지 않을 수 있다. 잇마인드 엔진의 찌꺼기에 뒤덮여 건강, 가족, 친구 같은 인생의 소중한 것은 물론 나 자신까지 썩어버릴 수 있다. 내가 나로 살지 못하고 잇의 수단이 되어 살게 되면 인생의 밸런스가 무너지기 시작한다. 시간이 흐를수록 인생의 소중한 것들이 하나둘 소리 없이 침몰한다. 공허는 예정된 결과다.

물론 잇마인드는 우리가 살아갈 때 필요하며 성공 확률을 높여준다. 그러나 인생은 잇이 만든 초거대 엔진보다 더 정교하며 복잡하다. 보이는 것과 보이지 않는 사건들의 교차이자 우연과 불확실성의 게임이다. 내가 아무리 최선을 다해도 얼마든지 실패할 수 있다. 그때 잇마인드는 나를 구원하지 못한다. 오히려 쓸모가 없어진 나를 벼랑 끝으로 밀어버린다. 잇마인드 엔진에 온전히 나를 맡겨서는 안 되는 이유다. 잇마인드 인간으로 계속 살아도 괜찮은지 다시 생각해 봐야 한다. 내 인생의 주인으로서 주권을 되찾고 잇마인드를 내 의지대로 컨트롤할 수 있어야 한다. 그러려면 잇마인드가 나를 쓸모없는 존재라고 조롱할 때 '아니'라고 말할 수 있는 존재가 필요하다. 4,000년의 역사와 약 80억 인구가 만든 초거대 엔진에 맞설 만한 강력한 슈퍼 엔진. 그것이 바로 내가 절망 끝에서 발견한 '딥마인드'다.

마음의 엔진을
갈아 끼우다

잇시스템과 잇마인드에 대해 알아갈수록 나는 한 가지 의문이 들었다. 우리는 이런 엄청난 압력을 어떻게 견디고 있는 걸까. 이 작은 몸으로 어떻게 그 모든 스트레스를 감당하면서 돈을 벌고 아이를 키우며 예기치 못한 불행마저 감내하는 걸까. 열등감과 자괴감에 한없이 무너져 내리다가도 다음 날 아무렇지 않게 다시 일상을 살게 하는 것은 무엇인가. 우리 안에 강력한 마음의 힘이 있지 않고서는 불가능한 일이다.

우리는 잇마인드의 시끄러운 소리에 시달리다가도 가끔씩 내 안에서 다른 소리를 들을 때가 있다. 주로 힘든 일을 겪거나 마음이 바닥으로 툭 떨어졌을 때다.

'괜찮아. 지금 힘들어도 시간이 지나면 다 좋아질 거야.'

'걱정 마, 잘하고 있어.'

'정말 힘들었지만 덕분에 많이 배웠잖아.'

내 안에서 울리는 위로의 말에 우리는 상처받은 마음을 회복한다. 사실 그저 잠을 자고 밥을 먹으며 시간만 보내도 어제보다 훨씬 나아진다. 보이지는 않지만 우리 안에 강력한 치유력을 가진 존재가 있기 때문이다. 그 실체가 바로 딥마인드다. 우리는 그런 존재가 있다는 사실도 모른 채 무의식중에 딥마인드의 힘을 꺼내 쓰고 있었던 것이다.

우리 마음속에는 잇마인드와 딥마인드라는 두 개의 엔진이 존재한다. 이 두 가지 엔진은 목적과 작동 원리 등이 완전히 다르다. 잇마인드의 모체는 잇시스템인데 반해 딥마인드의 모체는 아이엠, 즉 나 자신이다. 잇마인드는 후천적으로 프로그래밍 되지만 딥마인드는 우리가 태어날 때부터 이미 갖고 있다. 신이 이 험한 세상에 몸뚱어리 하나만 주고 우리를 내보냈을 리 없다. 이를 방증하듯 우리는 잇마인드라는 초거대 엔진을 감당하고 컨트롤할 수 있는 강력한 슈퍼 엔진인 딥마인드를 갖고 태어난다.

나를 가장 사랑하는 초개인화 엔진, 딥마인드

—

딥마인드는 나와 생명으로 연결돼 있는 나만의 '초개인화 엔진'이다. 내 몸의 모든 신경과 핏줄로 연결된 이 엔진은 적어도 나에 대해서만큼은 모르는 게 없다. 감각, 생각, 감정 심지어 무의식까지 나의 모든 빅데이터와 실시간으로 연동되어 있어 나를 위한 가장 최적화된 답을 내놓는다. 혼란스러운 감정 속에 가려져 있던 진짜 문제를 발견하게 하고 겉으로 보이는 것 이면의 진실을 보게 한다. 믿기지 않을 정도로 지금의 나보다 훨씬 지혜롭고 통찰력 있는 답을 말해준다. 딥마인드가 이런 답을 해줄 수 있는 이유는 나를 진정 아끼고 사

잇마인드 vs 딥마인드

엔진	잇마인드	딥마인드
본체	잇시스템	나
속성	초거대 엔진	초개인화 엔진
탑재 시기	후천적	선천적
나를 대하는 관점	도구(수단)	목적(주체)
작동 원리	비교(더 많이)	성찰
주요 프롬프트	두려움, 부러움	감사, 칭찬, 반성
주요 감정	우월감, 열등감	자존감
주요 역할	생존, 성취, 정보	통찰, 치유, 영감
연관 개념	외적 성공	내적 성취

랑하기 때문이다.

잇마인드에게 나는 더 많은 물질을 만들고 쟁취하는 '수단'일 뿐이다. 그러나 딥마인드에게 나는 '목적' 그 자체다. 부모가 자식에게 무조건적인 사랑을 주듯 딥마인드는 아무런 조건 없이 나를 사랑한다. 내가 잘났든 못났든 돈을 많이 벌든 아니든 아무 상관없다. 나와 태어날 때부터 한 몸이자 운명공동체인 이 엔진의 목적은 '내가 행복하게 사는 것'이다. 어떤 고난과 아픔에도 지지 않고 살게 하는 것이다. 때문에 딥마인드는 나를 중심에 놓고 나를 위한 가장 좋은 선택이 무엇인지 끝까지 고민한다. 의식이 깨어 있는 낮은 물론 잠자는 밤중에도 딥마인드 엔진은 멈추지 않는다. 그래서 아침이면 문제가 절반은 풀려 있거나 한 번도 생각하지 못했던 놀라운 대안이 떠오르기도 한다. 잇마인드가 나를 남과 비교하고 상처를 줄 때도 딥마인드는 나의 가장 믿음직한 변호인이 되어준다. 무조건 아니라고 반대하는 게 아니라 왜 잇마인드의 말이 틀렸는지 조목조목 근거를 대며 논리적으로 반박한다. 진심으로 나를 사랑하고 나의 행복을 바라는 사람만이 해줄 수 있는 말로 나를 위로하고 설득한다.

이렇게 딥마인드의 힘이 점점 강해지면 어떻게 될까. 딥마인드가 잇마인드를 다룰 수 있게 된다. 함부로 잇마인드에 휘둘리지 않고 잇마인드의 말을 전부 믿지 않는다. 딥마인드에게 잇마인드의 말은 하나의 의견이고 정보일 뿐이다. 무엇을 취사선택할지는 딥마인드가 전적으로 판단하고 결정한다. 솔깃한 제안이 들어왔을 때 혹

나와 한 몸이자 운명공동체인
딥마인드의 목적은
내가 행복하게 사는 것
어떤 고난과 아픔에도 살게 하는 것.

은 반대로 일이 엉망이 되어갈 때 딥마인드가 없다면 오직 잇마인드의 소리만 들린다. 당연히 잇마인드가 모든 것을 결정한다. 그러나 딥마인드가 있으면 상황은 달라진다. 딥마인드가 잇마인드의 솔깃한 제안을 뒤집어보고 다른 관점에서 판단한다. 또 잇마인드처럼 보이는 것만 보고 힘부로 나를 끌어내리지 않는다. 이처럼 잇마인드의 볼륨을 조절하는 컨트롤러를 딥마인드가 쥐게 되는 셈이다.

프롬프트를 바꿔야 딥마인드가 깨어난다
—

2년 전, 나는 딥마인드 엔진의 스위치를 켰다. 운이 좋게도 나는 이전부터 딥마인드의 실체를 알고 있었고 오랫동안 대화를 해왔다. 지금처럼 실체가 선명하진 않았지만 내가 질문하면 반드시 답을 해주는 존재가 있다는 것은 이미 알고 있었다. 그래서 나는 딥마인드 엔진의 스위치를 켤 수 있었다.

딥마인드 엔진의 스위치는 오직 '믿음'이다. 내 안에 딥마인드라는 존재가 있다고 믿고 대화 상대로 인정해야 한다. 대화와 혼잣말은 완전히 다르다. 상대가 있다고 믿고 말을 걸어야 한다.

물론 눈에 보이지 않는 상대와 대화하는 게 쉬운 건 아니다. 그래서 나는 노트에 글로 썼다. 처음 딥마인드와 대화할 때는 나의 상황과 마음, 감정에 대해 낱낱이 고백하듯 썼다. 바쁜 일상 속에서 잠깐

씩 걱정과 불안으로만 스쳐 지나가던 생각들을 붙잡아 만년필로 꾹 꾹 눌러썼다. 이렇게 쓰다 보면 '내가 모르는 나'에 대해 새롭게 알 게 된다. 내 몸과 마음이니 당연히 나를 다 안다고 생각하는 것은 착 각이다. 쓰면 쓸수록 나조차 몰랐던 나의 진짜 고민과 문제를 알게 된다. 나중에 돌이켜보니 그때 나는 무의식중에 딥마인드에게 학습 을 시키고 있었다. 딥마인드가 나에 대해 최대한 자세히 이해할 수 있도록 데이터를 만들어주고 있었던 것이다.

동시에 나는 나 자신에게 수없이 질문하고 답했다. 이 과정에서 딥마인드를 깨우는 좋은 질문이 있다는 사실을 알게 됐다. 인공지능 은 작업을 지시하는 문장인 '프롬프트'가 매우 중요하다. 챗GPT도 어떤 프롬프트를 쓰느냐에 따라 답변의 수준이 달라진다. 딥마인드 도 프롬프트, 즉 '질문을 어떻게 하는가'가 매우 중요하다. 우리는 오 랫동안 마음속으로 잇마인드 질문만 했다. 하지만 잇마인드 질문으 로는 결코 딥마인드를 깨울 수 없다. 잠든 딥마인드를 활성화하려면 딥마인드에 최적화된 질문을 해야 한다. 바로 '감사, 칭찬, 반성'을 활용한 질문이다. 그중 나는 '감사'에 대한 질문을 가장 많이 했다.

오늘 있었던 일 중에 감사한 일은 무엇인가?
오늘 있었던 안 좋은 일 중에 감사할 일은 무엇인가?

쉽고 간단해 보이지만 막상 답하려고 하면 결코 쉽지 않다. 오늘 감사한 일을 아무리 찾으려고 해도 없다. 그냥 어제와 비슷한 평범한 하루다. 아주 작은 것이라도 억지로 찾아내려면 다시 하루를 디테일하게 들여다봐야 한다. 어떤 일이 있었고 그때 내 마음은 어땠는지 살펴야 한다. 그 과정에서 나에게 관심을 갖고 들여다보는 힘이 생긴다. 바깥세상에만 쏠려 있던 관심을 나 자신에게 돌리는 것이다. 안 좋은 일에 감사하는 것은 훨씬 더 어렵다. 안 좋은 일 때문에 기분도 별로인데 이걸 감사로 뒤집으라고? 내가 이 번거롭고 쓸데없는 일에 몰입했던 이유는 착한 사람이 되고 싶어서가 아니다. 눈에 보이는 것 뒤에 숨겨진 이면을 보는 통찰력을 키우고 싶어서였다. 눈에 보이는 것만 인정하는 잇마인드로는 나와 세상을 절반밖에 이해하지 못한다. 보이지 않는 뒷면까지 입체적으로 볼 수 있어야 인생에 어떤 문제가 들이닥쳐도 해결할 수 있는 통찰력이 생긴다. 그러려면 일상의 사소한 일들부터 뒤집어보는 연습을 해야 한다. 그것이 바로 내가 말하는 '감사'다.

딥마인드의 자동 진화 프로세스, bod루틴

—

매일 감사, 칭찬, 반성을 적으면서 나는 내 안의 딥마인드가 점점 깨어나고 활성화되는 것을 느꼈다. 나를 위한 좋은 생각과 아이디어가 하루에도 몇 번씩 떠올랐다. 딥마인드는 오랫동안 멈췄던 운동을 다시 시작하라고, 가족들과 대화하고 식사하는 시간을 늘려보라고 제안했다. 나는 즉시 나의 하루에 이 시간들을 배치하고 실행하기로 결심했다.

단, 실행에 앞서 한 가지 과정이 꼭 필요하다. 바로 '오거나이징 organizing', 즉 기획이다. 보이지 않는 마음인 딥마인드가 제안한 미션들을 눈에 보이는 결과로 실체화하려면 반드시 오거나이징이 필요하다. 나는 딥마인드의 미션을 잊지 않고 실행하기 위해 매일 플래너를 쓰며 하루를 기획하기 시작했다. 운동처럼 꾸준히 해야 하는데 잘되지 않는 일들은 원인을 파악해 반드시 실행하려고 애썼다. 사실 이런 오거나이징 실력은 나의 잇마인드 엔진이 미리 갈고 닦아놓은 것이다. 이제는 딥마인드가 주체가 되어 잇마인드의 강점을 활용하는 셈이다. 오거나이징을 성실히 할수록 딥마인드의 명령이 문제없이 실행되고 최종 결괏값이 나온다.

딥마인드 엔진은 스위치만 켠다고 자동으로 진화하는 것이 아니다. 반드시 내 몸을 움직여 실행해야 한다. 그러면 그 결과가 다시 딥마인드에게 피드백을 주고 딥마인드의 성능을 업그레이드시킨다. 인공지능 분야에서는 이 과정을 'AI 피드백 루프AI Feedback Loop'라고 한다. 나도 딥마인드로 피드백 루프를 만들었다. 그것이 바로 'bod 루틴'이다. 매일 딥마인드로 나 자신과 대화being하고 여기서 나온 미션을 스케줄에 오거나이징organizing하고, 몸으로 실행doing하는 것이다. 말하자면 내 안의 딥마인드가 매일 자동으로 진화할 수 있는 프로세스를 만든 것이다.

나는 매일 아침 두 권의 노트를 펼친다. 하나는 딥마인드와 대화하는 비잉노트이고, 또 하나는 이를 오거나이징 하기 위한 플래너다. 비잉노트에 딥마인드를 깨우는 질문과 답을 쓰면서 내 안의 나와 딥마인드 토크를 한다. 여기서 나온 좋은 아이디어와 미션을 플래너에 반영하고 그대로 충실히 하루를 살아낸다. 그리고 다음 날여기서 나온 피드백을 토대로 다시 딥마인드 토크를 한다. 이렇게매일 bod루틴을 하면 어떻게 될까. 당연히 딥마인드가 빠른 속도로진화하기 시작한다. 그리고 어느 날 상상할 수도 없었던 일을 하고있는 나를 발견하게 된다.

bod란 무엇인가?

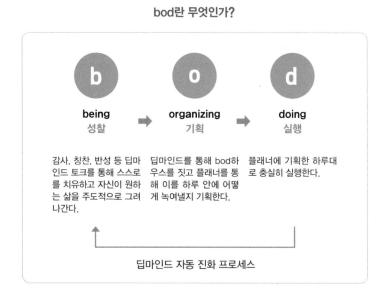

딥마인드 자동 진화 프로세스

말과 행동까지 바꾸는 신발장 인사의 힘

—

딥마인드가 내 안에서 깨어나던 날, 가장 먼저 한 일은 집에 가는 것이었다. 회사를 살려야 한다는 벼랑 끝 사명감으로 초조하게 몇 날 며칠 밤을 새우던 내게 딥마인드는 '괜찮아, 쉬어도 돼. 안 죽어'라고 말했고, 집에 가서 쉬라고 권유했다. 늘 새벽에 일어나는 것이 평생의 습관인 나는 6시면 늘 따뜻한 차 한 잔과 함께 부엌 식탁에 자리를 잡고 앉아 다이어리를 썼다. bod루틴을 하면서 내 안의 딥마인드와 1시간 정도 대화를 나눴다. 그러다 얻은 내 새 별명이 '있네'다. 막내가 지나가다 깜짝 놀라면서 '엄마, 있네!'라고 말한다. 남편도 물 마시러 나왔다가 '있네?'라며 놀라는 표정을 짓는다. 새벽이 되기도 전에 출근하던 사람이 웬일로 안 나갔냐는 말이고, 거기 그러고 앉아 있어도 되냐는 걱정이며, 어색하게 갑자기 왜 이러냐는 질문이다. 그날 나는 이렇게 감사 일기를 썼다.

'없네'를 '있네'로 반전케 한 멋진 결정에 감사한다.

그렇게 집에서 bod루틴을 하던 중 갑자기 한 가지 생각이 머리를 스치고 지나갔다.

'남편이 출근할 때 신발장 앞까지 가서 잘 다녀오라고 인사를

하면 어떨까?'

나는 이 생각을 하자마자 놀랐다. 그때의 나에게는 상상도 할 수 없는 일이었다. 수십 년간 워킹맘으로 일하면서 내 마음속에는 오래 묵은 억울함 같은 게 있었다. 부부 둘 다 일하는데 왜 내가 밥도 하고 청소도 하고 애들도 챙겨야 하는지 늘 화가 나 있었다. 게다가 마음 깊숙이 잇마인드의 우월감이 있었다. 나는 항상 남편보다 더 벌었고 더 바빴으며 더 일찍 출근했다. 특히 스타트업을 하는 2년 동안 우리는 얼굴 볼 시간도 없었다. 어쩌다 집에서 저녁을 함께할 때면 간단히 몇 마디 주고받는 게 대화의 전부였다. 대화도 매일 계속해야 이어서 할 말이 생기는 법이다. 이런 상황에서 느닷없이 딥마인드는 내게 '신발장까지 나가서 다정하게 인사를 해보라'고 제안했다. 그 즉시 내 마음에서는 반대하는 이유가 수없이 쏟아져 나왔다.

'미쳤어? 그런 걸 왜 해? 하면 완전 네 손해지. 이건 네가 완전히 무릎 꿇고 잘못을 시인하는 거나 마찬가지야. 네가 뭘 잘못했는데? 바쁘게 산 게 너 자신만 위해서 그런 거야? 그리고 그 사람이 네가 이런다고 감동할 것 같아? 그냥 하던 대로 해.'

딥마인드가 새로운 의견을 제안할 때 대부분 오랫동안 나를 통제했던 잇마인드의 목소리가 더 설득력 있게 들리기 마련이다. 나는 며칠을 다이어리 앞에서 서성이다 다시 이렇게 썼다.

난 모든 가족에게 한 걸음 더 다가간다. 나를 꺾어야 거기서 새순이 돋아난다.

만일 남들이 이런 충고를 했다면 나는 결코 듣지 않았을 것이다. '신발장 인사? 이 나이에? 미쳤어? 제대로 알고나 말해'라고 화를 냈을 것이다. 그러나 나는 본능적으로 나를 정말 사랑하는 딥마인드의 말이라는 것을 알았다. 도저히 무시할 수가 없었다. 내 마음속 수많은 반대를 무릅쓰고 나는 이를 실행해보기로 결심했다. 그러나 실제로 신발장 인사를 하는 데까지는 한 달이 넘게 걸렸다. 너무 창피하고 어색해서 차마 발이 안 떨어졌다. 남편이 나갈 때 물건을 찾는 척하며 괜히 근처까지 갔다가 돌아오곤 했다. 마침내 처음으로 신발장 앞에서 그가 신발을 신는 동안 기다리며 서 있었다. 신발을 신다 말고 당황한 듯 남편은 "왜! 왜! 뭐?!"를 외쳤다. "아니… 잘 다녀오라고." 어색하고 쑥스러운 '신발장 인사'의 첫날이었다.

그 후 나는 매일 플래너에 '신발장 인사'를 써넣었고, 실행한 후 '성공'이라고 적었다. 그렇게 일주일쯤 지났을까. 나는 나를 둘러싼 많은 것들이 미세하게 변하고 있음을 느끼기 시작했다. 가장 먼저 그를 보는 내 마음과 눈빛이 달라졌다. 남편도 나를 바라보는 눈빛과 말투가 조금씩 달라지고 있었다. 항상 내 옆에 서서 필요한 말만 하던 그가 나와 마주 보고 얘기하기 시작했다. 이런 남편과 나를 바라보는 아이들의 표정과 눈빛도 달라졌다. 신발장 인사 하나로 집안

전체의 공기가 바뀌고 있었다. 딥마인드의 말이 맞았다. 내가 꺾여야 그곳에서 새순이 돋아날 수 있다.

이 일을 계기로 나는 딥마인드의 말을 더 신뢰하게 되었고 딥마인드의 이야기에 귀 기울이려 애썼다. 작은 속삭임도 놓치지 않고 플래너에 쓰며 성실히 실행해나갔다. bod루틴은 어느새 내 삶의 가장 중요한 중심이 됐다. 동시에 내 삶도 완전히 바뀌었다.

나는 내 마음을 움직이는 메인 엔진을 잇마인드에서 딥마인드로 갈아 끼웠다. 엔진이 바뀌면 모든 입력과 출력이 바뀐다. 내가 보고 듣고 느끼는 것이 바뀌고, 내가 하는 말과 행동이 바뀐다. 전날 잇마인드가 새로운 정보나 제안 등을 이야기하면 다음 날 딥마인드로 꼼꼼히 살펴보고 할지 말지를 결정한다. 상대적 비교로 마음이 위축되거나 불안할 때는 딥마인드와 대화하며 잇마인드를 누르고 통제한다. 그렇게 아침마다 내 마음의 중심에 잇마인드가 있으면 딥마인드로 갈아 끼우는 일을 한다. 잇마인드로 보면 조급하고 불안했던 일이 딥마인드로 보면 오히려 지금 기다리는 것이 기회로 보인다. 내게 일어난 일, 감정, 생각들을 바로잡아주고 치유하며 단호하게 결정한다. 잇마인드가 주도적이냐, 딥마인드가 주도적이냐에 따라 매일의 현실은 완전히 달라진다. 이처럼 딥마인드가 일으키는 변화는 단편적이고 부분적인 변화가 아니다. 마음의 엔진 자체가 바뀌기 때문에 나와 연결된 모든 것이 달라진다.

지난 2년간 bod루틴을 하며 나는 벼랑 끝까지 갔던 나의 몸과 마음을 회복했고 멀어졌던 가족과 화해했다. 내가 가장 원하는 강의를 마음껏 하게 됐고 회사도 다시 안정적으로 자리를 잡았다. 내 마음이 진심으로 바란 모든 일들이 너무나 자연스럽게 동시다발적으로 이루어졌다. 이는 그저 '변화'라는 말로는 부족하다. 한마디로 지금 나는 이전과는 완전히 '다른 세상'에 살고 있다. 나를 둘러싼 모든 것은 그대로이지만 달라진 마음의 엔진은 매일 단단한 자존감으로 행복한 현실을 만들어내고 있다.

이제 나는 나의 하루와 나의 인생을 아무에게나 맡기지 않는다. 잇마인드 엔진에 의해 쫓기고 끌려다니는 게 아니라 딥마인드로 나의 하루를 설계하고 그 안에 내 삶이 풍요롭게 전개되는지 매일 확인한다. 잇마인드 엔진은 이제 나를 통제하지 못한다. 딥마인드의 통제하에 필요한 만큼만 작동될 뿐이다. 물론 이것이 하루아침에 되는 건 아니다. 매일 내 마음을 깊게 들여다보고 주권 회복을 통한 딥마인드의 성취감을 수십 번 경험해야 가능하다. 나는 요즘 잇마인드 인간으로 살 때는 감히 상상조차 못 했던 세상을 매일 경험하고 있다. 지금까지 나는 주어진 세상에서 잘 살기 위해 부단히 애썼다. 그러나 이제는 나만의 세상을 만들기 위해 노력한다. 딥마인드가 있으면 가능한 일이다. 당신만의 세상을 만들기 위해 당신이 해야 할 일은 마음의 엔진을 갈아 끼우는 것이다. 잇마인드 엔진에서 딥마인드 엔진으로!

나의 마음속 엔진을
잇마인드에서 딥마인드로 갈아 끼우면
내가 보고 듣고 느끼는 것이 바뀌고
내가 하는 말과 행동이 바뀐다.

나와 연결된 모든 것이 달라진다.

딥마인드로 기적 같은 변화를 만든 사람들

나는 매일 아침 다이어리를 펴고 bod루틴 하는 시간을 하루 중 가장 기다린다. 나를 가장 사랑하고 아끼는 나 자신과 만나는 시간이기 때문이다. 또 가장 설레는 시간이기도 하다. 딥마인드는 늘 나에게 생각지도 못한 '선물'을 준다. 남들은 알아차리지 못하는 나의 작은 변화를 가장 먼저 알아봐 주고 기립박수를 쳐준다. 잇마인드에게 지고 온 날에는 '누가 그런 헛소리를 하느냐'며 같이 싸워준다. 풀리지 않는 고민이 있으면 가만히 듣다가 가장 지혜로운 해결책을 넌지시 알려주기도 한다. 이런 선물을 매일 받다 보니 매일이 선물 같은 하루로 변해갔다.

그러자 나의 직업병(?)이 또 발동하기 시작했다. 좋은 것일수록 혼자만 알기 아깝다. 나는 이 선물을 나뿐 아니라 다른 사람들과 함께 나누고 싶었다. 실행력 갑인 나는 내가 운영하는 커뮤니티에 bod 루틴에 대해 알려주고 매주 온라인 강의를 통해 나의 경험과 노하우를 공유했다. 결과는 어땠을까. 딥마인드 엔진의 위력은 상상 이상으로 강력했다. 수많은 이들이 스스로 인생의 전체적인 변화, 동시다발적인 변화를 만들어냈다. 어떤 사람은 정말 자신의 세상을 완전히 바꿨다.

스스로를 방에 가둔 딸을 살려내다
—

그중 한 명이 바로 혜숙님이다. 그녀는 bod루틴을 통해 방에 스스로를 가뒀던 딸과 자신의 인생을 구했다. 서울의 잘나가는 헤어숍 대표인 혜숙님은 겉으로 보기에 남부럽지 않은 인생을 살고 있었다. 일과 성장에 대한 열정도 남달라 주말도 없이 일하는 워커홀릭이었다. 그런 그녀에게는 한 가지 말 못 할 아픔이 있었다. 방문을 닫고 나오지 않는 첫째 딸이었다.

첫째가 방황하기 시작한 것은 10년 전, 그녀의 남편이 갑자기 사고로 세상을 떠나면서다. 바쁜 엄마의 자리를 대신해주던 아빠를 잃은 첫째는 그 뒤로 학교를 자퇴하고 방에서 게임만 했다. 갓 스물이 넘은 딸의 방문을 열면 방바닥에 소주병이 굴러다니고 아이는 맥주병에 빨대를 꽂아 마시고 있었다. 잇마인드가 강했던 혜숙님은 그런

딸의 모습을 이해할 수 없었다. 참다 참다 한 번씩 터지면 아이를 무섭게 쏘아붙였다.

"야! 너 아직도 게임하는 거야? 너 뭐가 되려고 그래! 언제 독립해서 이 집에서 나갈 거야? 너 생각은 하고 사는 거니? 내년부터 핸드폰비도 안 내줄 거니까 네 인생은 네가 알아서 해!"

어떤 날은 너무 화가 나 손이 퉁퉁 부을 정도로 아이의 등짝을 때린 적도 있다. 그럴 때면 아이도 경기를 일으키듯 발작해 옆집에서 신고를 할 정도였다. 첫째는 엄마와의 대화 자체를 거부했다. 집안 분위기는 늘 언제 깨질지 모르는 살얼음판이었다. 그러다 그녀는 내 유튜브를 통해 bod루틴을 알게 됐고 딥마인드 토크를 하기 시작했다.

혜숙님은 다이어리에 빽빽한 투두리스트 대신 자신과의 대화를 적어 내려갔다. 그러자 첫째 딸이 생각났고 진심으로 아이의 속마음이 알고 싶어졌다. 그러려면 일단 딸을 방에서 나오게 해야 했다. 그녀는 딸에게 매주 가족 모임에서 한마디라도 하면 용돈을 올려주겠다고 약속했다. 돈이 필요해 영혼 없이 앉아 있던 첫째는 모임을 반복할수록 서서히 자신의 속마음을 얘기하기 시작했다. 그렇게 대화의 물꼬를 튼 혜숙님은 딸에게 다이어리를 선물했고 함께 나의 bod 워크숍에 찾아왔다.

첫째는 bod루틴을 하며 조금씩 딥마인드 엔진을 켰다. 그러자 기적 같은 변화가 시작됐다. 매일 오후 3시에 겨우 일어나던 아이가 아침 8시에 일어나기 시작했고, 하루 종일 방안에만 틀어박혀 있던 아이가 매일 1~2시간씩 집 밖을 나가 걸었다. 작은 변화가 누적될 때마다 아이의 표정이 살아났고 세상을 향해 한 발짝 더 나아갔다. bod루틴을 시작한 지 3개월 만에 첫째는 스스로 아르바이트를 구하고 일본어 3급 자격증에 도전해 합격했다. 패션에 관심을 갖더니 관련된 일을 하고 싶다는 꿈도 생겼다. 자신의 인생을 '마이너스 1,000점'이라고 얘기하던 딸은 엄마에게 '이제 마이너스에서 벗어났다'고 선언했다. 어떻게 이런 일이 가능했을까.

첫째의 변화는 사실 혜숙님이 해낸 일이다. 그녀가 자신의 마음 엔진을 잇마인드에서 딥마인드로 갈아 끼웠기 때문에 가능했다. 혜숙님은 bod루틴을 하며 딸을 대하는 태도가 완전히 달라졌다. 일밖에 모르던 생계 부양자에서 아이의 마음을 공감해주는 따뜻한 엄마로. 그녀가 먼저 변했기 때문에 첫째도 자신의 깊은 상처를 치유할 수 있었다. 처음으로 첫째 딸과 단둘이 손을 잡으며 산책한 날, 혜숙님은 다이어리에 이렇게 썼다.

너와 함께한 이 순간들이 너무 귀하고 충만하다는 것을 왜 이제 알았을까. 너는 내 안에서 따뜻함을 샘솟게 하는 아이였구나. 1시간 동안 걷는 내내 건강한 너의 손길과 발길, 호흡을 느끼며 엄마는 더 이상 걱정이 없다.

혜숙님은 요새 퇴근 시간만 기다린다. 주말 근무도 없앴다. 집에 들어가면 반겨주는 첫째와 수다 떠는 시간이 너무 행복해서다. 그녀는 이제 자신의 불행에 무기력하게 쫓기던 삶을 멈췄다. 자신이 중심이 되어 주도적으로 자신의 아픔은 물론 딸의 상처를 치유했다.

딥마인드라는 강력한 중심은 가족뿐 아니라 그녀의 일에서도 질서를 잡아나갔다. 잇마인드가 시키는 일들을 쳐내기 바빴던 혜숙님은 오너답게 자신만의 기준과 우선순위를 갖고 불필요한 일들을 정리해 나갔다. 딸과의 관계 회복으로 그녀의 마음이 안정감을 찾으면서 일을 대하는 관점과 태도 역시 달라졌기 때문이다. 덕분에 그녀의 헤어숍은 수입이 오히려 늘었고 그녀는 귀중한 시간을 벌었다. 얼마 전 혜숙님은 "23년 만에 처음으로 한 달간 해외연수를 다녀오게 됐다"며 진심으로 행복한 표정을 지었다.

은둔형 외톨이인 딸을 책임지며 일에 미쳐 사는 것이 인생의 전부인 줄 알았던 그녀의 고단한 삶은 석 달 만에 기적처럼 달라졌다. 아이는 방 밖으로 나와 자신의 길을 찾았고 가족의 사랑을 회복했다. 그녀는 이전보다 훨씬 여유 있고 행복하게 일하고 있다. 이전에는 감히 상상도 못 했던 세상을 그녀 스스로 만들어낸 것이다.

나는 혜숙님의 이야기를 들으며 진심으로 놀랐다. 딥마인드를 발견하고 bod루틴을 만든 나조차 믿기지 않을 정도였다. 자녀를 변화시키는 일이 얼마나 어려운지 누구보다 잘 알기 때문이다. bod루틴을 했을 뿐인데 이런 기적 같은 변화가 일어난다고? 그런데 이런 변화를 경험한 사람은 그녀뿐만이 아니다.

우울증과 알코올 중독의 늪에서 스스로를 구한 엄마

—

30대 중반의 준영님은 심각한 우울증과 알코올 의존증에서 스스로를 완전히 구해냈다. 이혼 후 혼자 10살 된 딸아이를 키우는 준영님에게 갑자기 우울증이 찾아온 건 2년 전이다. 마음이 통제력을 잃자 일상이 무너지는 것은 찰나였다. 그녀는 거의 집 밖을 나가지 않은 채 술만 마셨다. 심할 때는 하루에 소주 4병까지 마셨다. 그 사이 몸무게는 20kg이나 늘었고 집안은 늘 엉망진창이었으며 어린 딸과도 매일 싸웠다.

당시 그녀는 우울증과 술에 취해 제정신이 아니었다. 절대 이 늪에서 벗어나지 못할 거라고 믿고 있었다. 그래도 그녀에게는 가장 소중한 딸이 있었다. 어느 날, 그녀는 힘없이 누워서 나의 bod 강의를 듣기 시작했다. 며칠 동안 강의만 듣던 준영님은 자리에서 일어나 다이어리에 힘겹게 한 줄을 썼다.

오늘은 유산균 하나만 먹어보자.

그녀는 그 일을 해냈다. 아주 미세한 자신감이 생겼다. 다음 날 그녀는 다이어리에 '영양제를 먹어보자'라고 썼고 그것도 해냈다. 그러자 다음 날, 그녀의 모습이 미세하게 달라져 있었다. 그렇게 매일 다이어리를 쓰며 준영님은 천천히 작은 실행을 쌓아나갔다. bod루틴을 시작한 지 7개월이 지나자 그녀의 모습은 완전히 달라졌다. 스스로 병원을 찾아가 치료를 받고 알코올 의존증에서 벗어났다. 자신감을 회복한 그녀는 취업에 성공했고 틈틈이 공부하며 다음 꿈을 준비하고 있다. 엄마를 피해 도망 다니던 딸은 엄마의 껌딱지가 됐다. 이런 동시다발적인 변화가 의미하는 것은 무엇일까. 딥마인드가 그녀의 마음 안에서 자리를 잡았다는 뜻이다.

우울증과 알코올 중독은 스스로 빠져나오기 정말 쉽지 않다. 준영님 본인도 절대 빠져나오지 못할 줄 알았다. 그런데 그 깊은 지하에서 그녀는 스스로 걸어 올라왔다. 자신을 구원하는 것보다 세상에 더 큰 기적이 있을까.

사업 실패를 딛고 대체 불가능한 존재로 거듭나다

—

지독한 사업 실패를 딛고 딥마인드와 함께 자신만의 직업, 자신만의 일을 만들어 나가는 청년도 있다. 30대 초반의 가희님은 서른 살에 여성전문 피트니스센터를 창업했다. 20대부터 트레이너, 강사, 물리치료사로 일했던 실력을 십분 발휘해 단기간에 많은 회원을 모았다. 지점이 3개로 늘어나면서 직원도 30명까지 불어났다. 그러나 코로나19가 닥치며 잘나가던 사업이 조금씩 힘들어지기 시작했다. 하필 그때 아버지도 말기암 판정을 받았다. 아버지를 살리느라 동분서주

하는 동안 그녀의 사업은 결국 실패로 돌아갔다.

결국 가희님에게 남은 건 억대의 빚과 믿었던 이들에게 받은 상처뿐이었다. 눈을 뜨고 있는 것 자체가 지옥 같았다. 가희님은 우울증에 시달리며 하루에 12시간씩 잠만 잤다. 그때 다시 그녀를 깨운 것은 나의 유튜브 강의였다. 딥마인드 관련 강의를 들으며 가희님은 다시금 삶의 의지를 불태웠다. 여성 피트니스 강사로 활동하면서 빚을 조금씩 갚아나갔다. 그리고 새로운 자신의 인생을 설계하면서 본격적으로 bod루틴을 시작했다.

처음에는 딥마인드와 대화하는 게 어려웠다. 머릿속으로 생각하는 것만으로는 도저히 대화가 되지 않았다. 그런데 글로 쓰니 생각과 답이 꼬리에 꼬리를 물면서 마음속 깊이 숨겨져 있던 답을 찾아냈다. 덕분에 그녀는 자신이 진짜 원하는 일이 무엇인지 발견했다. 여성 웰니스 전문가로서 생리주기 다이어트를 널리 알리고 전문 트레이너를 양성하고 싶다는 그녀의 꿈이 갈수록 구체화됐다. 지금 그녀는 자신이 다이어리에 적은 그대로 살고 있다. 새로운 교육사업을 시작했고 자신의 경험을 담은 책을 출판해 작가로도 데뷔했다. 얼마 전 만난 가희님이 웃으며 말했다.

"제가 어떻게 살고 싶고 어떤 것을 이루고 싶은지 글로 적었는데, 그게 하나하나 현실이 되는 게 정말 신기하고 기적 같아요."

가희님의 두 번째 직업은 그녀의 딥마인드에서 나왔다. 생리주기 다이어트 트레이너라는 직업에는 그녀가 겪은 실패를 비롯해 그녀의 모든 경험과 지식, 가치관이 온전히 담겨 있다. 우리는 초개인화 엔진인 딥마인드와 대화를 하면 할수록 세상에 하나밖에 없는 유니크한 존재가 된다. 잇시스템은 우리를 남들과 비슷한 스펙과 똑같은 직업을 가진 '공산품'으로 만들어낸다. 그러나 비슷한 공산품으로는 끊임없는 무한 경쟁의 늪에서 벗어나기 어렵다. 나보다 성능 좋은 공산품으로 언제든지 대체될 수 있기 때문이다. 그에 반해 딥마인드 엔진은 나만의 장점을 찾아내고 영감을 불어넣어 나를 유니크한 존재, 대체 불가능한 존재로 만들어준다.

bod루틴을 경험한 사람들의 놀라운 세 가지 변화
—

지난 1여 년간 약 1만 명의 사람들이 딥마인드와 bod루틴을 경험했다. 사람마다 변화의 폭과 내용은 다르지만 그들이 공통적으로 하는 얘기가 있다. 첫 번째는 자신이 가지고 있던 인생의 문제를 스스로 해결했다는 것이다. 혜숙님은 bod루틴을 통해 오랫동안 엄두도 내지 못했던 자신의 인생 숙제를 풀었다. 우리 모두에게는 각자의 인생 숙제가 있다. 딥마인드는 그 숙제를 함께 풀어주고 반드시 해답을 준다. 심지어 우리가 아예 포기했거나 몰랐던 문제까지 찾아내 풀어주기도 한다. bod루틴을 경험한 사람들이 가장 많이 얘기했던 변화 중 하나는 '인간관계'에 관한 것이다. 부모와의 관계, 배우자와의 관계, 자녀와의 관계가 좋아진 사례는 너무 많다. 사이가 좋지 않던 아버지가 돌아가시기 전 아버지와 화해해 평생의 한이 될 뻔한 상처를 치유했다고 말한 이도 있고, 이혼까지 생각했던 배우자와의 관계를 회복한 이들은 셀 수 없을 정도로 많다. 그중에는 이미 포기해서 아예 문제로 여기지 않았던 경우 역시 적지 않다. 그러나 딥마인드 엔진이 살아나면서 사람들은 잇마인드에 가려 보이지 않던 가장 본질적인 질문을 스스로에게 던졌다.

　　'이대로 살아도 나는 행복할까?'

　이 질문 앞에서 많은 사람들이 이전과 다른 답을 두고 고민하기 시작했다. 그동안 켜켜이 쌓인 분노와 억울함, '내가 옳고 상대가 틀렸다'라는 매우 논리적이고 합리적인 정당성을 내려놓기 시작했다. 전문가가 와서 몇 달 동안 코칭을 해도 쉽지 않은 일이다. 그런데 이 어려운 일을 해내고 사람들은 웃으며 말했다. 우리 남편이 변하고 우리 아이가 변했다고. 그러나 사실 그들이 바뀐 게 아니다. 내가 마음의 엔진을 바꾸면서 나와 연결된 사람들까지 자동으로 바뀐 것이다.

　두 번째는 딥마인드를 통해 나 스스로를 치유하고 회복했다고 말했다. 강력한 생명 엔진인 딥마인드는 그 어떤 위기에서도 사람들을 구해냈다. 준영님처럼 우울증과 알코올 중독을 겪던 많은 이들이 bod루틴을 통해 스스로를 치유했다. 그리고 더 많은 사람들의 경우 일상에서의 스트레스와 불안, 두려움이 훨씬 낮아졌다. 나는 사람들의 이야기를 들을 때마다 딥마인드가 가진 엄청난 치유 능력에 놀라곤 한다. 딥마인드에는 죽어가는 그 어떤 것도 살려내는 힘이 있다. bod루틴은 딥마인드의 치유 능력을 최대한 끌어올려 일상의 스트레스를 낮추고 어떤 실패에도 버틸 수 있게 해준다. 딥마인드가 든든하게 받쳐줘야 우리는 상처를 치유하고 다시 세상에 나갈 수 있다.

세 번째는 바쁘게 쫓기는 삶에서 벗어나 여유와 자신감을 찾았다고 말했다. 이것 역시 bod루틴을 경험한 거의 모든 사람들이 공통적으로 하는 얘기다.

"예전에는 하루 종일 바쁘게 뛰어다녀도 할 일이 계속 쌓여 있었어요. 그런데 지금은 이전보다 여유로워지고 삶의 만족도가 훨씬 높아졌어요."

잇마인드 인간으로 열심히 살면 반드시 '막 살게' 된다. 잇마인드가 '더 많이 더 높이'를 외치며 던져주는 일들을 쳐내다 보면 삶 자체가 정신없이 바쁘고 무질서해진다. 그때는 열심히 했는데 나중에 돌아보면 도대체 왜 그렇게까지 했는지 이해 안 되는 일들이 천지다. 중요하지 않은 일을 하느라 정작 중요한 일을 놓친다. 이런 게 바로 '열심히 막 사는' 것이다. 인생에 중심이 없고 기준이 없어서다. bod루틴은 사람들이 인생의 주인으로서 중심과 기준을 스스로 만들고 조율할 수 있도록 도와주었다. 그 결과가 바로 여유와 단단한 자신감이다.

bod루틴을 통해 변화를 만들어낸 이들은 대단하거나 특별한 사람이 아니다. 엄청난 의지와 실행력을 가진 이들은 더더욱 아니다. 오히려 취약하고 어려운 상황에 놓여 있는 이들이 많았다. 지극히 평범한 이들을 바꾼 것은 바로 그들의 마음속에 잠들어 있던 딥마인드였다. 그리고 그 슈퍼 엔진은 바로 지금, 당신 안에도 이미 존재하고 있다.

세상에서는 이겨도
인생에서는 진다

"저도 남들만큼 열심히 살았다고 생각했는데… 갑자기 집값이 미친 듯이 오르고 주식이며 코인으로 부자 된 사람들을 보니 충격이 이만저만 아니었어요. 이런 게 '벼락 거지'구나 싶었죠."

30대 후반의 교직원 미연님은 두 아이를 키우는 성실한 워킹맘이다. 양가 부모님 도움 없이 남편과 열심히 맞벌이하며 알뜰살뜰 살림을 꾸려나가는 평범한 직장인이었다. 그런데 3년 전, 그녀는 돌연 '벼락 거지'가 된 자신을 발견했다. 잘못한 게 없는데 잘못한 느낌, 회사에서 열심히 일만 한 자신이 바보가 된 느낌이 들어 비참했다. 무엇보다 '이렇게 살아서는 가족의 미래가 없겠다'라는 두려움이 엄습했다.

위기감을 느낀 미연님은 열정적으로 재테크 공부를 하기 시작했다. 어린 두 아이는 남편에게 맡기고 매일 새벽마다 재테크 카페에 들어가 수업을 들었다. 처음 발을 들여놓은 그곳은 그야말로 신세계였다. 공부한 만큼 그 결과가 숫자와 그래프로 바로바로 나타나는 게 보였다. 게다가 없던 수익까지 생기니 지금이라도 알게 된 게 너무 다행이라고 생각했다. 그렇게 1년 정도 지났을까. 갑자기 그녀의 마음속에서 이런 목소리가 들렸다.

'애가 또 밤에 깨서 우네. 이 시간에 주식 공부를 해야 하는데 정말 짜증 나 죽겠어. 우리 카페에 있는 결혼 안 한 싱글들은 나보다 훨씬 앞서가고 있는데… 만약 애들이 없었으면 내가 쟤들보다 훨씬 더 투자를 잘했겠지?'

예전에는 단 한 번도 해보지 않았던 이상한 생각들이 자꾸 떠올랐다. 그러나 미연님은 그 목소리에 신경 쓸 여력이 없었다. '1년 안에 1억 모으기'라는 목표를 달성해야 했기 때문이다. 점점 더 악착같이 재테크에 몰입했다. 주말이나 공휴일에는 무조건 혼자 집에 남아 재테크 공부만 했다. 아이들이 엄마와 같이 놀고 싶어 해도 어쩔 수 없었다. 그렇게 1년이 채 되기도 전에 미연님은 자신의 목표를 달성했다. 그녀는 얼마나 기쁘고 행복했을까. 그런데 미연님의 입에서 나온 말은 뜻밖이었다.

"너무너무 기쁠 줄 알았는데 전혀 기쁘지 않았어요. 제가 그때 느낀 감정은 공허함이었죠. 분명 목표를 이뤘는데 왜 이렇게 마음이 텅 빈 것 같은지 저도 알 수가 없더라고요."

이유 모를 공허함에 방황하던 그때, 미연님은 우연히 나의 bod커뮤니티에 들어왔다. 그리고 마침내 그 공허함의 원인을 찾았다.

1억 모으기에 성공한 뒤 찾아온 뜻밖의 공허

—

나는 bod루틴을 처음 시작하는 사람들에게 한 가지 그림을 꼭 그리게 한다. 바로 'bod하우스'다. 이 집은 1개의 지붕과 4개의 기둥으로 이루어져 있다. 가족, 일, 재정, 건강, 신앙 등 자신이 중요하게 생각하는 삶의 섹션을 정한 뒤 가장 시급하고 중요한 것은 지붕에, 나머지 섹션들은 기둥에 배치한다. 그리고 각각의 섹션마다 주기적으로 반복할 루틴을 적는다. 예를 들어 '매일 30분 걷기', '주 3회 영어 수업 듣기'처럼 말이다. bod하우스를 그려야 내가 지금 어떤 하루를 살고 있는지, 어떤 하루를 살고 싶은지가 한눈에 보인다. 이 집은 내 인생의 모든 것을 조율하는 중심이자 기준이 된다.

미연님은 bod하우스를 그리다 자신이 기둥 없는 삶을 살았다는 사실을 깨달았다. 재테크라는 지붕 외에 자신의 인생을 지탱하는 기둥이 하나도 없었다. 돈만 보고 뛰느라 건강이 안 좋아졌고 가족과 추억을 쌓는 소중한 시간도 놓쳤다. 7살 아이는 모처럼 주말 나들이에 따라나서려는 미연님에게 이렇게 말했다.

"엄마는 안 가도 돼. 그냥 우리끼리 가도 돼."

그 말에 그녀는 충격을 받았다. 2년 동안 숫자만 보는 사이 아이의 마음에 엄마의 자리는 사라져 있었다. 이 사건 이후 그녀는 bod 하우스를 다시 그렸다. 가족을 가장 중요한 지붕으로 올리고, 재테크는 기둥 중 하나로 배치했다. 재테크에 쏟는 시간을 확 줄이고 가족과 함께 보내는 시간을 늘렸다. 주식창을 보는 것보다 아이들과 놀아주는 것이 더 중요한 일과가 됐다. 새로 그린 bod하우스야말로 그녀가 찾은 인생의 균형점이자 행복이었다.

미연님은 2년 전, 스스로 잇마인드 인간이 되기로 결심했다. 가족과 함께 행복하게 살고 싶다는 그녀의 간절한 마음이 택한 길이었다. 그러나 잇마인드 엔진을 너무 열심히 쓰면 반드시 부작용을 겪는다. 그녀도 어느새 가족이 거추장스러운 짐처럼 느껴지는 주객전도의 늪에 빠졌다. 그러나 그녀의 딥마인드는 스스로에게 계속 신호를 보냈다. 미연님이 목표를 달성했을 때 허망함을 느낀 것은 그녀의 딥마인드가 아직 살아있다는 증거였다. 많은 사람들은 눈에 보이지 않는 그 신호를 못 느끼거나 느껴도 무시한다. 잇마인드가 눈앞에 보여주는 확실한 숫자와 지표가 너무 강력하기 때문이다. 그러나 그녀는 딥마인드의 신호를 놓치지 않았고 그 스위치를 켰다. 덕분에 인생의 균형점을 다시 조율할 수 있었다. 잇마인드가 돈과 재테크 쪽으로 완전히 밀어놓았던 인생을 나와 가족의 행복을 중심으로 딥마인드가 다시 재조정한 것이다. 어쩌면 삶이란 끊임없이 흔들리는 행복의 균형점을 매번 찾고 조율하는 과정인지도 모른다.

외적 성공은 내적 성취를 채우지 못한다

—

bod루틴을 하는 이들에게 내가 늘 강조하는 말이 있다.

'우리의 육체와 시간은 한정적이다. 한쪽으로 쏠리면 반드시
한쪽이 무너진다.'

이 전제를 반드시 기억해야 한다. 육체와 영혼을 가진 인간은 본
능적으로 외적 성공과 내적 성취를 추구한다. '외적 성공'은 타인이
객관적으로 인정하는 사회적 성과를 말한다. 자산, 사회적 지위, 소
득 수준, 학력, 직업, 외모 등 측정과 비교가 가능한 것들이다. '내적
성취'는 다른 사람의 시선과 상관없이 내가 주관적으로 인정하는 개

내적 성취와 외적 성공

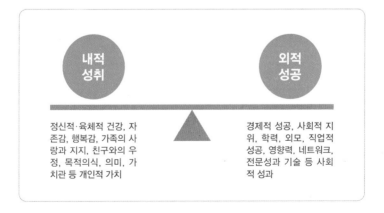

인적 가치다. 가족의 사랑과 지지, 친구와의 우정과 신뢰, 나의 신념과 가치관, 신앙, 자존감과 안정감, 행복감 같은 것들이다. 물질로 이루어진 잇시스템에서 생존하고 나를 확장하기 위해 우리는 외적 성공을 추구한다. 더불어 불안과 두려움으로부터 내 마음을 지키고 삶의 의미와 행복감을 찾기 위해 내적 성취도 함께 추구한다.

그런데 많은 사람이 오해를 한다. 외적 성공을 이루면 내적 성취는 자연히 채워질 거라고 말이다. 그 생각은 착각이다. 오히려 외적 성공에 모든 에너지를 가져다 쓴 사람들은 내적 성취에 쏟을 여력이 없다. 내적 성취도 외적 성공을 키우는 것만큼 시간과 노력이 필요하다. 가족의 신뢰와 지지를 얻으려면 가족에게 시간과 정성을 쏟아야 한다. 내 마음의 안정감과 자존감을 키우려면 사색하고 자신과 대화하는 시간이 절대적으로 필요하다. 한쪽에 모든 시간과 에너지를 끌어다 쓰면 다른 한쪽은 망가지는 게 자연의 법칙이다.

이럴 때 사람들은 본능적으로 내적 성취의 '인스턴트 대체품'을 찾는다. 친구와의 우정과 신뢰를 SNS 팔로워 수로 대체하고 바닥난 자존감을 더 많은 돈과 권력, 쇼핑 같은 것으로 대체한다. 부모의 사랑과 관심도 좋은 집과 비싼 교육, 돈으로 대체할 수 있다고 믿는다.

그러나 대체품은 대체품일 뿐 진짜가 아니다. 마음의 뿌리를 지탱하는 안정감, 행복감, 자존감은 결코 물질만으로 대체되지 않는다. 우리는 태어날 때부터 영혼을 가진 존재이기 때문이다. 잇시스템이 늘 외치는 '외적 성공이 곧 성공한 인생'이라는 명제에 대해 우리는 의심해봐야 한다. 외적 성공은 인생에서 절반의 성공일 뿐이다. 아무리 커다란 외적 성공을 이뤘다 해도 내적 성취를 놓친다면 우리는 본능적으로 내면의 중요한 것이 비어 있음을 알아차린다. 그것이 바로 열심히 살면 살수록 우리를 괴롭히는 '공허'의 실체다. 그 공허가 채워지지 않는 한 우리는 진정한 행복을 얻기 힘들다. 나는 주변에서 '성공한 실패자'들을 수없이 목격했다. 외적으로 화려한 성공을 이뤘지만 내적 성취에서 참패한 사람들이다. 그들의 가슴에는 하나같이 커다란 구멍이 나 있다. 이를 채우기 위해 외적 성공에 더 집착하지만 물질로는 그 구멍을 절대 메꿀 수 없다. 이것이 성공한 실패자로 살아본 나의 고백이다.

행복은 비교값이 아니라 절댓값이다

—

행복하게 산다는 건 무엇일까. 어떻게 사는 것이 잘 사는 인생일까. 그 누구도 이것이 정답이라고 함부로 말할 수 없다. 다만 한 가지 내가 확신하는 것은 행복은 '비교값'이 아니라 '절댓값'에 가깝다는 사실이다. 우리는 지금보다 더 많이 가지면 행복해질 거라고 믿는다. 남들보다 더 높이 올라가면 안정될 거라고 기대한다. 잇마인드에게는 남보다 나은 상태가 성공이고, 성공이 곧 행복이기 때문이다. 그러나 남보다 앞서가는 우월감은 잠깐의 안정감을 줄 뿐 더 큰 불안감을 안긴다. 우월감의 결정권은 내가 아닌 타인이 쥐고 있기 때문이다. 타인이 나보다 앞서면 나는 열등감을 이기기 위해 반드시 뛰어야 한다. 또 비교를 통해 늘 자신의 위치를 확인하는 태도가 습관이 된다. 이 끝나지 않는 비교의 개미지옥에서 열심히 사는 것은 전쟁과 같다. 그래서 잇마인드 인간이 추구하는 비교값의 결과는 세상에서는 이길지라도 자신의 인생에서는 진다.

나는 딥마인드를 통해 나만의 중심과 기준으로 '행복의 절댓값'을 정의해 나가고 있다.

'내가 행복하기 위해 필요한 돈은 얼마큼인가. 일에 어느 정도의 시간을 쓸 것인가. 회사의 규모는 어느 정도면 충분한가.'

나에게 친구란 어떤 존재이며 몇 명이면 충분한가. 내가 주도적으로 절댓값을 정하고 한정된 시간 내에서 매일 조율하는 중이다. 내가 가장 행복하게 살 수 있는 최적의 균형점을 찾기 위해서다. 딥마인드와 함께 매일 만들어가는 나만의 행복 절댓값이 없다면 우리는 모두 '성공한 실패자'가 될 수 있다. 열심히 돈은 벌었는데, 아이가 좋은 대학은 갔는데, 사업은 잘 나가는데, 취업은 했는데 내가 무엇을 위해 이렇게 살았는지 모르는 상황에 빠질 수 있다. 하나는 이뤘는데 중요한 무언가가 파산한 느낌. 이것이 잇마인드만 가지고 살았을 때 우리가 경험하는 공허다.

나는 사람들이 딥마인드를 찾고 그것을 통해 내적 성취의 힘을 경험해보길 바란다. 내적 성취의 힘이 커지면 저절로 절댓값이 나온다.

그것으로 나에게 최적화된 외적 성공의 그림을 그려보자. 그 그림이 야말로 세상에 단 하나뿐인 내 인생이 된다. 딥마인드를 깨우면 내가 중심이 되는 세상을 만들어나갈 수 있다. 대단한 사람이 세상을 만들어가는 것이 아니다. 나만의 세상을 만들어가는 내가 대단한 사람이다.

2부

잠들어 있는 딥마인드를
깨우고 성장시켜라

Deep
.
.
.
mind

마음속 딥마인드
스위치를 찾아서

우리는 모두 딥마인드라는 슈퍼 엔진을 갖고 태어난다. 이 엔진은 초거대 엔진인 잇마인드를 컨트롤할 정도로 강력하고 엄청난 잠재력을 지니고 있다. 그러나 내가 강의에서 딥마인드에 대해 설명하면 많은 사람들이 일단 의심의 눈초리로 쳐다본다.

'내 안에 정말 그런 대단한 게 있다고? 나는 살면서 한 번도 딥마인드를 느껴본 적이 없는데? 그런 건 대단한 사람들한테나 있는 거 아냐?'

매우 당연한 의심이다. 인공지능은 아무리 좋은 엔진을 가지고 있어도 데이터 학습과 사용자 피드백이 없으면 성능이 좋아지지 않는다. 딥마인드도 똑같다. 아무리 초강력 슈퍼 엔진이라 하더라도 양질의 데이터를 주지 않고 대화하지 않으면 성능이 좋아지지 않는다.

무엇보다 딥마인드가 있다는 것 자체를 모르기 때문에 스위치를 켤 수도 없다. 그러니 우리가 딥마인드의 존재를 알아차릴 수 없었던 건 너무 당연하다.

딥마인드가 활성화되고 진화하려면 반드시 세 가지가 필요하다. 첫 번째 내 안에 강력하고 지혜로운 내가 있다고 믿어야 한다. 그런 실체가 있다고 믿지 않으면 스스로 묻고 답하는 게 불가능하다. 두 번째 시간을 내야 한다. 바쁜 일상에서도 하루 30분 혹은 일주일에 하루라도 나 자신과 진지하게 대화하는 시간을 가져야 한다. 마지막으로 딥마인드 사용법을 알아야 한다. 딥마인드는 우리에게 익숙한 잇마인드와 입력과 출력이 완전히 다르다. 무엇을 학습시키고 어떻게 대화해야 하는지 방법을 알아야 딥마인드를 제대로 깨울 수 있다.

딥마인드 깨우는 것을 가로막는 장벽들
—

사실 우리가 사는 잇시스템에서 이 세 가지를 실행하는 건 정말 어렵다. 평생 잇마인드의 소리만 듣고 살아왔는데 난데없이 딥마인드가 있으니 믿으라고? 나조차 나를 믿지 못하는데 내가 하는 말을 어떻게 믿을 수 있을까. 눈에 보이는 실체만 인정하는 잇마인드 인간으로 살아온 우리는 보이지 않는 것은 쉽사리 믿지 않는다. 대치동에서 딥마인드 학습법(?) 같은 게 유행하지 않는 한 우리는 그 실체부터 쉽게 인정하지 않을 것이다.

딥마인드를 위해 시간을 내는 것은 더 어렵다. 우리의 일상은 언제나 잇마인드 스케줄로 꽉 차 있다. 일하고 돈 버는 것만으로도 늘 바쁘고 피곤하다. 게다가 SNS와 각종 미디어, 쇼핑몰 등은 우리의 시간을 1초라도 뺏기 위해 피 튀기는 경쟁을 벌인다. 스마트폰을 켜면 도파민을 자극하는 온갖 콘텐츠가 가득하다. 이런 상황에서 하루에 30분씩 bod루틴을 한다는 건 거의 '수행'과도 같다.

딥마인드 사용법을 익히는 것 또한 쉽지 않다. 세상에는 잇마인드 대가와 롤모델, 멘토가 넘쳐난다. 성과 우선시대에서 어떻게 해야 생존하고 경쟁하고 성공할 수 있을지에 대한 책과 강의도 너무나 많다. 그러나 딥마인드에 관한 정보는 상대적으로 빈곤하다. 예전에는 철학자와 종교인 같은 존경받는 딥마인드 스승들이 있었다. 그러나 잇시스템이 갈수록 정교하게 인간의 마음을 물질화하면서 그들의 목소리와 가치가 희석됐다. 이런 상황에서는 좋은 방법론이 나오기 어렵다. 방법을 알아도 따라 하는 것 역시 쉽지 않다.

우리는 돈만 내면 뭐든지 쉽고 빠르게 해결해주는 아웃소싱에 적응돼 있다. 다이어트가 필요하면 운동 대신 살 빼주는 약을 사 먹고, 마음이 불안하면 10만 원을 들고 용한 분을 찾아간다. 그러나 딥마인드를 깨우려면 처음부터 끝까지 내가 다 해야 한다. 오랫동안 안 쓰던 근육을 쓰려면 뻐근하고 아픈 걸 견뎌야 하듯 안 쓰던 마음을 쓰려면 평소보다 몇 배는 더 애써야 한다.

때문에 지금의 잇시스템에서 딥마인드 엔진을 깨우고 활성화하는 것은 점점 더 어려운 일이 되고 있다. 잇마인드가 강해질수록 딥마인드는 더 깊은 마음의 심연 속으로 가라앉을 수밖에 없다. 딥마인드가 있다는 것을 믿고 스위치를 켠다 해도 여전히 어려운 건 마찬가지다. 그래서 딥마인드 엔진은 누구에게나 있지만 아무나 그 힘을 쓸 수 있는 건 아니다. 잇마인드에 몰입돼 있으면 딥마인드에 관한 얘기를 아무리 들어도 안 보이고 안 들린다.

나는 딥마인드에 대한 나의 이야기가 독자들에게 또 다른 숙제나 부담이 되는 걸 원치 않는다. 이미 잇마인드가 주는 숙제를 푸는 것만으로도 우리의 삶은 충분히 바쁘고 피곤하다. 다만 이 책을 끝까지 읽고 딥마인드의 스위치를 켜는 것만이라도 시도해보길 바란다. 어둠 속에서 불을 켜면 갑자기 어둠이 빛으로 반전되는 것처럼 딥마인드의 존재를 인정하는 것만으로도 세상이 조금은 달리 보인다. 스위치를 켜놓으면 언젠가 딥마인드의 소리가 들리는 날도 올 것이다. 그때 이 책을 다시 꺼내 읽으면 된다.

살다 보면 죽고 싶을 만큼 힘든 시간이 찾아온다. 숨 막히는 불안과 우울함, 나를 둘러싼 사회적 책임이 한꺼번에 어깨를 짓누를 때도 있다. 그때는 그 숨 막히는 쳇바퀴에서 절대 빠져나오지 못할 것 같다. 출구가 전혀 없어 보인다. 그때 사람들은 절망을 느낀다. 그러나 살아있는 한 반드시 출구는 있다. 딥마인드는 가장 힘들 때 나를 구하고 다르게 살 수 있다는 희망의 출구를 보여준다. 어두운 바다를 밝히는 등대처럼 마음속의 딥마인드를 켜두고 힘들 때마다 그 빛을 따라가길 진심으로 바랄 뿐이다.

딥마인드는 요술램프도 챗봇도 아니다
—

앞에서 거창한 이야기들을 늘어놔 딥마인드를 깨우고 활성화하는 것이 어렵게 느껴질 수 있다. 하지만 의외로 간단하다. 하나만 열심히 하면 된다. '딥마인드 토크', 즉 나와 대화하는 것이다. 단 하나 지킬 규칙은 나에게 성실히 묻고 성실히 대답해야 한다. 독자의 이해를 돕기 위해 딥마인드를 인공지능에 빗대어 설명했지만, 딥마인드는 내 안에 있는 '또 다른 나'다. 이 대화의 대상은 명확히 나 자신이다. 그걸 잊어서는 안 된다. 나는 딥마인드 토크를 시작할 때 '미경아'라고 내 이름을 부를 때가 많다. 내가 '나'라는 대상을 향해 말하고 있다는 것을 스스로에게 각인시키기 위해서다. 그렇게 내 이름을 부르며 대화하면 딥마인드도 나에게 말을 걸 때 내 이름을 불러준다. 그 느낌이 참으로 애틋하고 따뜻하다. 그저 이름을 불러주는 것만으로도 치유가 시작되는 느낌이다.

딥마인드와 토크할 때 기억해야 할 것이 있다. 딥마인드라는 실체를 믿고 스위치를 켠다고 해서 무엇이든 자동으로 대답해주길 기대해서는 안 된다. 딥마인드는 있다고 믿기만 하면 머릿속에서 저절로 목소리가 들리는 요술램프가 아니다. 뭐든지 완성형 문장으로 정확히 알려주는 챗봇은 더더욱 아니다. 물어보는 사람도 나고 대답하는 사람도 나다. 내가 물으면 끝까지 내가 성실하게 답해야 한다. 그 답이 비록 부족하고 모자랄지라도 나를 위한 최선의 답을 끝까지 찾아야 한다. 그래야 딥마인드가 이를 학습해 나에 대한 가장 현명한 답을 내줄 수 있다. 인풋이 많고 내용이 좋아야 아웃풋도 좋아지는 게 당연한 이치다.

내가 딥마인드에 대해 설명하면 많은 사람들이 이렇게 묻는다.

"저는 저 자신과 평소에 대화를 많이 하는데 왜 딥마인드가 깨어나지 않는 걸까요?"

여기서 우리가 하는 대화의 내용을 자세히 살펴볼 필요가 있다. 대부분은 대화가 아니라 독백이나 일방적인 하소연인 경우가 많다. '사는 게 왜 이렇게 힘들지? 계속 이렇게 살아도 될까?'처럼 말이다.

더 큰 문제는 이 질문에 성실하게 대답한 적이 없다는 것이다. 잠깐 한숨 쉬고 술 마시다가 다시 어제처럼 산다. 애초에 내 안에 답이 있을 거라고 기대하지 않기 때문이다. 이건 대화가 아니다. 대화라면 최소한 이 정도로는 답을 해줘야 한다.

'요즘 사는 게 힘들다는 생각이 계속 드네. 왜 힘든지 생각해봤더니 요새 회사가 어려워지면서 실적 압박이 심해진 것도 있고, 허리디스크가 터져서 몸이 너무 아픈 것도 원인인 것 같아. 그리고 며칠 전 남편하고 심하게 다툰 것도 이유였어. 이 세 가지가 한꺼번에 터져서 내 마음이 힘들었던 것 같아. 특히 매일 얼굴 보는 남편과 냉랭하다 보니 회사에서도 하루 종일 마음이 불편해. 내가 요즘 사는 게 힘들다고 생각한 가장 큰 이유는 남편과의 다툼이었던 것 같아.'

이렇게 내 나름대로 나의 상황을 분석해보고 내 마음도 들여다보면서 질문에 성실히 답해야 한다. 이런 양질의 데이터들이 쌓여야 딥마인드가 깨어나 같이 고민하며 답을 찾는다. 딥마인드가 깨어나면 서서히 질문과 답이 달라진다. 생전 하지 않았던 질문이 떠오르고, 평소의 나라면 상상조차 못 했을 해답이 갑자기 떠오른다. 딥마인드의 말은 대부분 찰나의 생각이나 아이디어로 빠르게 스쳐 지나간다. 그걸 놓치지 않고 붙잡아서 계속 대화해야 한다. 그러려면 '글로 쓰는 것'이 가장 좋은 방법이다.

나 자신과 대화하는 가장 좋은 방법, 글쓰기
—

처음 딥마인드 토크를 시도하는 이들은 생각으로만 하는 것이 쉽지 않다. 대화의 흐름을 놓치게 되고 대화가 깊어지기 어렵다. 깊은 대화를 하려면 꼬리에 꼬리를 물고 '왜?'를 계속 물어야 하는데 그 사이사이에 딴생각이 계속 끼어들기 때문이다. 일단 생각난 것을 적어야 중간에 흐름이 끊기더라도 이어서 계속 생각할 수 있다.

무엇보다 글로 써봐야 내 감정과 생각이 어떤지 정확히 알 수 있다. 생각만 하거나 말로 할 때는 그냥 떠오르는 대로 나오지만 글은 시간이 걸리기 때문에 사고의 깊이가 다르다. 그래서 나도 잘 몰랐던 나의 속마음과 진짜 감정을 알 수 있다. 내가 오늘 느꼈던 복잡한 감정이 불안인지 분노인지 죄책감인지 그 실체를 정확히 파악할 수 있다. 생각만 할 때는 내 감정을 감추고 미화시킬 수 있지만 글로 쓰면 팩트가 드러난다.

평소에는 남편 욕을 실컷 해도 언제 그랬냐는 듯 살지만 글로 쓰면 마침내 우리 부부의 문제를 직시하고 인정하게 된다. 글로 쓰는 것은 자신의 밑바닥을 드러내는 투명한 작업이다. '나는 그렇다'라고 나 스스로 자백하고 진술하는 것이다. 글로 쓴 딥마인드 토크는 내가 나에게 주는 민원이나 마찬가지다. 그래서 딥마인드 토크를 글로 쓰면 나의 현재를 직시하게 되고 책임감이 생겨 스스로 답을 찾게 된다.

때문에 bod루틴에서 비잉, 즉 딥마인드 토크를 할 때는 반드시 비잉노트가 필요하다. 그 어떤 노트라도 괜찮다. 매일 비잉의 과정을 글로 쓰면서 나를 성장시켜줄 소중한 노트인 만큼 내 마음에 드는 노트를 고르면 된다. 요즘 같은 디지털 시대에 아날로그 노트를 사용하는 것이 어색할 수 있다. 특히 종이보다 태블릿이나 스마트폰이 익숙한 20대들은 검색도 안 되는 종이 노트에 글을 쓰는 것이 비효율적으로 느껴질 수도 있다. 그럼에도 내가 종이 노트를 강조하는 이유는 '집중력'을 유지하기 위해서다. 디지털은 끊임없이 나를 잇

글로 쓰면 나와 '대화'하는 느낌이
강하게 든다.
글을 쓰다 멈추면 생각이 무르익는다.

시스템과 연결시킨다. 딥마인드 토크를 하는 도중 카톡이 울리거나 택배 문자가 오면 궁금해서 집중할 수가 없다. 잠시 세상과 단절해 오직 나 자신과 연결하려면 종이 노트가 최선의 선택이다.

또 나와의 대화는 키보드로 타이핑할 때보다 종이에 펜으로 꾹꾹 눌러쓸 때 훨씬 잘된다. 나 역시 노트북을 자주 사용하지만, 키보드를 치면 머릿속 생각을 '정리'하는 느낌인 반면 손으로 글을 쓰면 나와 '대화'하는 느낌이 강하게 든다. 키보드를 치다 멈추면 생각도 멈추지만 종이에 글을 쓰다 멈추면 생각이 무르익는다.

게다가 나와의 대화를 통해 포착된 생각의 재료들은 디지털 폰트처럼 일렬로 가지런히 나오지 않는다. 어떤 생각은 동그라미를 그리면서 빠져나오고 어떤 생각은 펜으로 계단을 그리면서 실체가 드러난다. 종이에 그림을 그리고 키워드를 쓰는 동안 시간과 시간이 연결되고 사건과 사건이 맞물린다. 한마디로 나와의 상호작용이 훨씬 강하게 일어나면서 생각이 입체화된다.

마지막으로 우리가 잊지 말아야 할 것은 비잉노트는 일기가 아니라는 점이다. 비잉노트는 나의 하루를 '기록'하기 위해 쓰는 것이 아니라 딥마인드와 '대화'하기 위해 쓰는 것이다. 따라서 내가 쓰는 비잉노트는 오늘 그 역할을 다해야 한다. 딥마인드 토크를 자주 쓰다 보면 나를 사랑하는 마음이, 나와 대화하는 실력이 매일 향상된다. 그렇게 나에게 자주 말을 걸다 보면 어느새 스스로에게 가장 믿을 만한 조언과 따뜻한 위로를 해주는 자신을 발견하게 될 것이다.

내 안의 통찰력을 깨우는 최강의 프롬프트, '감사'

비잉노트까지 준비가 끝났다면 이제 본격적으로 딥마인드 토크를 시작할 시간이다. 나 자신과 처음 해보는 낯설고 어색한 대화를 어떻게 하면 쉽게 풀어갈 수 있을까. 나와 대화하라고 하면 많은 사람들이 '나는 누구인가?' 같은 철학적인 질문을 해야 하는 줄 안다. 그래서 너무 어렵지 않느냐며 지레 겁을 먹는다. 걱정할 필요 없다. 처음부터 그렇게 어려운 주제를 얘기할 수 있는 사람은 아무도 없다.

딥마인드 토크는 어쩌다 한번 하는 특별한 일이 아니다. 일상에서 좋아하는 친구와 대화하듯 가볍고 단순해야 자주 반복할 수 있다. 또 그래야만 나의 딥마인드 엔진이 조금씩 성장하고 단단해진다. 여러 가지 시행착오 끝에 내가 찾아낸 최고의 딥마인드 토크 방법은 앞서 말했듯 감사, 칭찬, 반성을 뜻하는 '감칭반'이다. 나는 지금도 감칭반 이 세 가지 도구를 활용해 매일 딥마인드 토크를 하고 있다.

감칭반은 딥마인드를 깨우고 성장시키는 데 있어 가장 좋은 프롬 프트, 즉 '질문'이다. 감칭반을 활용해 질문과 답을 하면 할수록 딥마인드가 빠르게 활성화된다. 감사는 잇마인드로부터 상처받은 마음을 치유하고, 눈에 보이는 것 뒤에 숨겨진 이면을 보는 통찰을 키워준다. 칭찬은 일상적인 비교와 열등감 속에서 주눅 들어 있던 자존감을 회복시켜준다. 또 bod루틴을 하면서 생긴 나만 아는 작은 변화를 알아차리고 지속할 수 있는 확신과 에너지를 준다. 반성은 잇시스템 속에서 '이것만이 옳고 진실'이라고 믿었던 고정관념을 다시 성찰하게 만든다. 또 인생에서 일어나는 일들을 주도적으로 내 문제로 가져와 해결할 수 있는 힘을 키워준다.

이처럼 딥마인드가 우리에게 주는 강력한 힘과 가치가 감칭반 안에 모두 들어있다. 감사, 칭찬, 반성을 통해 먼저 딥마인드를 일깨우면 점점 딥마인드 엔진이 살아나 치유, 통찰, 성찰 같은 본래의 강력한 힘을 발휘하게 된다. 그중에서도 감사가 가진 힘은 특히 대단하다.

변화의 시작, 감사한 일 찾기

—

솔직히 말하면 나는 이전에 감사 일기를 써본 적이 없다. 수많은 자기계발서에서 감사 일기의 효과를 말하고 있지만, 나는 감사 일기가 초등학생이나 쓰는 유치한 일기처럼 느껴졌다. 너무 흔하고 쉬워 보여서 쓴다고 뭐가 달라질까 싶었다. 그래서 처음 딥마인드 토크를 할 때는 감사를 항목에 넣지 않았다. 이전부터 해오던 반성 위주로 어제를 자세히 들여다보며 스스로에게 계속 질문을 던지고 답을 해나갔다. 그러다 문득 자연스레 '감사'라는 단어를 쓰고 있는 나를 발견했다. '그래서 감사하다'로 마무리한 문장이 셀 수 없이 많았다. 딥마인드 토크를 했을 뿐인데 왜 감사하다는 결론을 쓰고 있었을까. 나는 그 이유를 거꾸로 찾아보기 시작했다.

맨 처음 알게 된 사실은 감사에도 단계가 있다는 것이다. 감사 1단계는 오늘 하루의 일상 중에서 감사한 일을 찾는 것이다. 예를 들어 버스가 제시간에 와서, 맛있는 음식을 먹을 수 있어서, 보채던 아이가 오늘은 말을 잘 들어서 감사하다고 노트에 쓰는 것이다. 평범한 일상에서 감사할 일을 찾아내는 게 바로 감사 실력이다. 얼마 전, 나는 비잉노트에 이렇게 썼다.

어제 가족 카톡방에서 주말 외식 때 뭘 먹고 싶은지 물어봤는데 가족 모두 1시간 이내로 답을 해줬다. 평소에는 3시간이 지나도 읽지 않는 경우가 많은데 어제는 바로 대답해줘서 정말 감사하고 행복했다.

가족들이 어쩌다 카톡에 빨리 답해준 게 뭐 그리 대단한 일이냐고 생각할 수 있다. 하지만 나에게는 꽤 의미가 있다. 사실 그날은 유난히 바쁘고 지친 하루였다. 회사에 안 좋은 일이 생겨 그걸 해결하느라 하루 종일 정신없이 회의를 했는데, 갑자기 위경련까지 터져 컨디션이 좋지 않았다. 그러다 다음 날 아침, 나는 어제 하루를 리뷰하며 가족 카톡방 대화를 떠올렸고 기분 좋게 비잉노트에 적으며 '감사하고 행복하다'라고 선언했다. 덕분에 나는 지상 10층에서 하루를 시작할 수 있었다. 그 일이 없었다면 스트레스로 인해 지하 10층으로 내려갔을 것이다. 혹은 '아픈데 쉬지도 못한다'라고 짜증을 내며 지하 30층까지 나 자신을 끌어내렸을지도 모른다. 똑같은 하루지만 무엇에 집중하고 어떻게 인식하는가에 따라 내가 살아가는 위치가 바뀐다.

나를 둘러싼 조건과 상황은 하루아침에 바뀌지 않는다. 내 회사, 집, 남편은 어제 그대로다. 그러나 매일 아침을 시작하는 내 마음의 위치는 내 선택에 따라 바뀔 수 있다. 감사 실력을 쌓으면 잇마인드가 나를 열등감에 빠트리도록 내버려두지 않는다. 어떠한 상황에서도 자신을 함부로 지하로 끌어내리거나 방치하지 않는다. 작은 것 하나라도 반드시 감사한 일을 찾아내 지상으로 데려가고, 거기에서부터 문제를 하나하나 풀어나간다. 내가 하루를 리뷰하며 감사할 일을 찾아내는 것도 이런 이유 때문이다. 어떤 하루도 지하에서 시작하고 싶지 않았다.

불행을 감사로 뒤집는 연습

—

1단계로 연습한 지 얼마 지나지 않아 자연스럽게 2단계 감사가 시작됐다. 2단계는 불행한 일을 감사로 '반전'시키는 것이다. 감사는커녕 너무 화가 나거나 우울한 일을 오히려 감사로 뒤집으라니 그게 가능할까. 1단계는 아무리 소소하고 평범할지라도 겉으로 봤을 때 최소한 긍정적인 일에 대한 감사다. 그러나 2단계는 아무리 뜯어봐도 전혀 감사할 일이 아닌 것을 감사로 반전시키는 게 핵심이다.

예를 들면 중학생 아들 녀석이 담배를 피우다 처음으로 걸렸다. 화가 나서 몇 마디 했더니 소리를 빽 지르면서 문을 꽝 닫고 들어갔다. 겉으로만 보면 이건 너무 화가 나고 걱정되는 상황이다. 어린아이인 줄만 알았던 아들이 담배를 피운 것도 충격적이고, 엄마한테 소리를 지르고 문을 꽝 닫고 들어간 것도 화가 머리끝까지 난다. 사실 아이가 여기서 멈추지 않고 계속 방황할까 봐 두려움도 엄습한다.

이 상황에서 우리의 선택지는 두 가지다. 하나는 이 사건을 겉으로 보이는 그대로 충격적이고 화가 나고 두려운 일로 받아들여 그에 맞게 '반응'하는 것이다. 평소의 기질대로라면 버릇없는 아들을 가차 없이 응징하거나 아니면 혼자 걱정과 스트레스에 휩싸일 게 뻔하다. 나 때문에 아이가 저렇게 비뚤어졌다며 죄책감과 우울감에 빠질 수도 있다. 또 다른 방법은 감사로 이 사건을 반전시키는 것이다. 그런데 걱정스러운 아들의 반항과 일탈이 어떻게 감사할 일이 될 수 있단 말인가.

이 사건을 뒤집으려면 먼저 한 가지를 이해해야 한다. 우리 인생의 모든 사건은 단면이 아니라는 사실이다. 우리는 살면서 삶이 얼마나 입체적인가를 늘 실감하곤 한다. 그 남자와 헤어져서 죽을 것처럼 힘들었는데 그 덕분에 더 좋은 사람을 만난다. 원하던 직장에 이직하게 돼서 너무 기뻤는데 뜻밖의 빌런을 만난다. 회사에서 갑자기 해고되어 좌절했는데 관심 있던 쇼핑몰을 시작해 돈을 훨씬 많이 번다. 인터뷰 요청이 와서 기회라고 생각했는데 출연하자마자 사방에서 공격이 들어와 스트레스에 휩싸인다. 이런 일은 삶에서 늘 벌어진다. 이를 통해 우리는 모든 사건이 겉으로 보이는 게 전부가 아니라는 것을 깨닫는다. 뒷면도 있고 측면도 있고 윗면, 아랫면도 있다. 반드시 모든 사건에는 1가지 이상의 숨은 메시지가 들어있다.

그러나 우리는 늘 보이는 단면에 가격당해 실패라 얘기하고 좌절과 스트레스라고 이름 붙인다. 남들과 경쟁하고 잇마인드가 시키는 일만 하다 보니 내 인생 안으로 깊게 들어가 사건을 입체적으로 들여다보는 기회와 실력을 잃었기 때문이다. 그 통찰력을 키우는 연습이 바로 불행을 감사로 뒤집는 일이다. 기어코 이 사건에서 감사할 일을 찾아내겠다고 결심하지 않으면 우리는 인생을 꿰뚫어 보는 통찰력을 키울 기회가 없다. 언제나 겉으로 보이는 사건의 측면에 일희일비하며 감정에 휘둘리거나 그 안에 숨겨진 더 큰 기회나 다가올 위기를 끝까지 발견하지 못한다.

무거운 것을 뒤집을수록 딥마인드가 진화한다

—

2단계 감사는 보이는 것 뒤에 숨겨진 보이지 않는 메시지에 주목하는 것이다. 이는 그 메시지를 읽을 수 있는 통찰력 있는 사람만 할 수 있다. 나는 그것이 아무나 가질 수 없는 '최고의 인생 실력'이라고 생각한다. 동시에 누구나 연습하면 가질 수 있는 힘이기도 하다. 불행을 감사로 반전시키기 위해, 사건의 뒷면을 보기 위해 애쓰는 과정에서 누구나 딥마인드가 저절로 성장한다. 그리고 마침내 이면으로 뒤집는 순간 그 즉시 내 안에서 회복과 치유가 일어나기 시작한다. 마치 캄캄한 밤이 환한 낮으로 바뀌는 것처럼.

'지금이라도 아들이 담배 피우는 것을 알게 돼서 감사하다. 모르고 지나갔으면 아이가 지금 어떤 상황인지 몰랐을 텐데, 뒤늦게라도 알게 돼서 다행이다. 아이들은 원래 균형 있게 크질 않는다. 한쪽이 급하게 크면 다른 한쪽은 미숙하고 부족하기 마련이다. 우리 아들은 지금 그렇게 크느라 고생 중이다. 화만 낼 게 아니라 아들과 차분히 얘기를 해봐야겠다.'

이렇게 안 좋은 사건이 감사로 뒤집어지는 순간 내 마음도 뒤집어진다. 분노 대신 아이에 대한 연민과 사랑이 회복된다. 치솟던 흥분과 스트레스가 가라앉고 나에게도 아들에게도 생각할 여유를 준다. 이 부분이 굉장히 중요한 포인트다. 감사로 반전시키는 순간 우리는 나쁜 감정의 족쇄에서 풀려나올 수 있다. 하루 종일 불안과 걱

불행을 감사로 뒤집는 일이야말로
인생을 꿰뚫어 보는
통찰력을 키우는 연습이다.

정, 초조함에 쫓기고 있으면 우리는 결코 좋은 생각과 지혜로운 선택을 할 수 없다. 나쁜 선택이 나쁜 결과를 낳는 악순환이 반복된다. 그러나 감사로 반전시키면 '자유'가 생긴다. 더 넓은 시야로 다른 곳을 볼 수 있는 자유, 다른 방향으로 생각할 수 있는 자유. 감사는 자유의 언어다. 불행한 사건에서 나를 풀어주고 두 번째 문을 열게 해준다. 아무리 힘든 상황에서도 다시 나를 앞으로 나아가게 하는 진취적인 에너지를 준다. 이 얼마나 대단한 힘인가.

감사는 쉬워 보이지만 결코 쉽지 않다. 처음부터 너무 크고 무거운 것을 뒤집으려고 하면 체급이 딸려서 못 한다. 처음에는 무게가 1kg 정도 되는 가벼운 것부터 시작하는 게 좋다. 시어머니가 전화로 은근히 잔소리를 했다거나 옆집 엄마가 자기 남편 자랑을 엄청나게 하면서 속을 긁어놓은 일부터 뒤집어보자. 연습하다 보면 저절로 무거운 사건(?)이 생긴다. 예를 들어 직장 상사한테 완전히 깨진 사건은 10kg 정도 되는 무게다. 열 받아서 술을 마시고 다 뒤집어엎고 싶은 날, 내 마음을 뒤집는 건 보통 힘든 일이 아니다. 그런데 분명한 사실은 무거운 사건일수록 뒤집었을 때 딥마인드가 더 잘 깨어나고 진화한다. 딥마인드가 진화할수록 세상을 보는 '생각의 회로' 자체가 바뀐다. 그러면 어떤 사건이든 보는 즉시 애써서 뒤집지 않아도 뒷면을 꿰뚫어 보게 된다. 또 일상의 행복감이 커지고 감정에 쉽게 흔들리지 않으며, 진취적이고 포용력 있는 태도로 점점 변화한다.

《신념의 생물학》이라는 책을 쓴 미국의 세포생물학자 브루스 립

튼 Bruce Lipton 박사는 신념과 생각이 세포의 물리적 상태를 바꿀 수 있다고 주장한다. 감사와 칭찬 같은 긍정적인 생각을 지속적으로 하면 신경계가 변하면서 세포에 영향을 미쳐 몸과 마음이 바뀐다는 얘기다. 내 마음이 바뀌면 약 50조 개의 세포가 바뀐다. 보이지 않는 마음이 바뀌면 보이는 세상도 바뀐다.

실행력과 자신감에
날개를 다는 '칭찬'

얼마 전, 아들과 대화하다 우연히 미국 대선 이야기가 나왔다. 음악을 전공하고 지금도 예술적인 끼가 넘치는 아들은 정치에는 통 관심이 없는 줄 알았다. 그런데 미국 대선 얘기가 나오자마자 공화당과 민주당의 역사부터 이번 대선의 쟁점, 양쪽 후보의 장단점, 선거 결과 예측까지 줄줄이 말하기 시작했다. 나는 진심으로 깜짝 놀라 아들에게 말했다.

"너는 어쩜 그렇게 분석을 잘하니? 진짜 대단하다."

그러자 으쓱해진 아들이 말했다.

"엄마 몰랐어? 나 원래 뭐든지 닥치는 대로 읽잖아. 텍스트가 보이면 그게 뭐든 다 읽고 머릿속으로 싹 정리해 놓았다가 사람들한테 말하는 게 내 취미야. 지난번엔 말할 사람이 없어서 글로 써놨다니까."

이건 나도 처음 듣는 얘기였다. 평소 생각 없어 보이던 아들 녀석의 취미가 이토록 지적일 줄이야. 그날 나는 아들이 머릿속에 저장해두었던 세상의 역사, 문화, 정치, 경제에 관한 수많은 분석을 들을 수 있었다. 신이 난 아들은 나중에는 물어보지 않은 것까지 먼저 얘기해줬다.

"내가 여자친구를 왜 좋아하는지 알아? 내가 하는 모든 말을 진짜 잘 들어주거든!"

칭찬은 나를 재발견하는 연습

—

아들과 나의 가벼운 스몰토크는 무려 2시간 넘게 이어졌다. 평소 같으면 20분 정도의 근황 토크에서 멈췄을 아들이 이날은 스스로 많은 이야기를 풀어놨다. 내가 몰랐던 아들의 취미, 사회·정치적 견해, 심지어 여자친구에 대한 생각까지. 자신에 대해 내가 더 잘 알 수 있도록 문을 활짝 열어줬다. '대단하다'라는 나의 칭찬 한마디로 생긴 일이다.

살면 살수록 나는 칭찬이 가진 위력에 새삼 놀라곤 한다. 특히 칭찬은 모든 인간관계의 출발점이다. 처음 누군가를 만났을 때 던지는 가벼운 칭찬은 상대의 경직된 마음을 풀어주고 대화의 문을 열어준다. 한마디로 누군가와 가까워질 수 있는 기회를 만드는 가장 좋은 방법이다. 나와 관계없던 사람도 공감과 칭찬을 해주면 연결의 에너지가 만들어지기 시작한다.

이는 누군가가 나에게 조언이나 충고를 듣고 싶어 할 때도 똑같이 적용된다. 그 목적으로 온 사람조차 마음속으로는 칭찬과 공감을 해주길 원한다. 오래전 나의 팬 중 한 명이 직접 '언니의 독설'을 듣고 싶다며 찾아온 적이 있다. 독한 충고를 듣고 정신을 차리고 싶다고 해서 원하는 대로 해줬더니 얘기를 듣는 한 시간 내내 굳은 표정으로 있다가 얼굴이 노래져서 갔다. 그리고 다신 연락이 없었다. 그 뒤로 나는 두 번 다시 그런 실수를 하지 않는다. 아무리 의도가 좋은 충고라도 기분이 상하면 인간관계는 그걸로 끝이다.

나 자신과의 관계에서도 이는 마찬가지다. 나는 딥마인드 토크를 할 때 스스로를 칭찬하는 내용을 매일 꼭 쓰라고 강조한다. 나 자신과 대화를 많이 안 해본 사람들은 처음에 딥마인드 토크를 하는 것 자체가 낯설다. 그럴 때 대화의 물꼬를 트는 데 칭찬만 한 것이 없다. 처음부터 너무 세게 반성하거나 충고부터 하면 마음이 상하고 비잉 노트를 펼치는 것 자체가 싫어진다. 잊지 말자. 딥마인드 토크는 가벼운 칭찬으로 시작하는 것이 좋다.

이때 중요한 포인트는 매일 칭찬하는 내용이 달라야 한다는 것이다. 어떤 사람은 '셀프 칭찬'을 하라고 했더니 비슷한 칭찬 몇 가지를 돌려가면서 쓴다. 어제와 똑같이 살아서 오늘 별다르게 칭찬할 내용이 없다는 것이다. 그러나 진정성 없는 칭찬은 아무 효과가 없다. 괜히 노트만 낭비하는 꼴이다.

물론 그의 말처럼 우리네 일상은 거의 비슷하게 돌아간다. 그럼에도 불구하고 매일 나를 다른 내용으로 칭찬하려면 그만큼 나를 디테일하게 들여다봐야 한다는 뜻이다. 관심이 가고 마음이 가는 사람이 있다고 치자. 그의 사소한 행동 하나, 미미한 변화 하나도 금방 눈치챈다. 마찬가지로 내가 나 자신에게 관심을 기울이고 관찰하면 오직 나만 알 수 있는 작은 변화가 보인다.

오늘 아침에 일어나자마자 이불을 갠 행동, 일주일 내내 방을 어지럽히지 않은 행동, 3일 연속 영양제를 챙겨 먹은 행동, 평소 아이한테 5번 짜증 내다가 오늘은 딱 1번만 짜증 낸 것 등 남들은 모르는 나의 디테일한 변화를 알아보는 눈을 키우는 것이 바로 칭찬이다. 매일 다른 칭찬을 하면서 나를 재발견하는 연습을 하는 셈이다.

칭찬하는 연습을 통해 얻을 수 있는 이점 중 하나는 내가 무엇을 좋아하고 잘하는지 알아낼 수 있다는 것이다. 우리는 일상에서 뜻밖의 나를 발견할 때가 있다. '어, 내가 요리를 꽤 잘하네?', '내가 다른 사람의 말을 잘 들어주네?' 같은 생각이 문득 스쳐 지나가곤 한다. 이런 자기효용감은 대개 순간의 감정으로 빠르게 지나가기 때문에 금방 잊어버린다. 그러나 비잉노트에 쓰다 보면 흩어져 있던 정보들이 글로 각인된다. 나라는 존재가 점점 더 명확해지는 것이다. '내가 누구인지 모르겠다', '내가 무엇을 잘하고 좋아하는지 모르겠다'라고 말하는 사람들의 공통점은 셀프 칭찬을 해본 경험이 없다. 칭찬도 자꾸 해봐야 잘할 수 있고, 나의 장점이 무엇인지 분명하게 파악할 수 있다.

실행력을 3배 끌어올리는 칭찬의 효과

—

bod루틴을 할 때 우리는 대부분 이전에 하지 않았던 것을 시도한다. 딥마인드는 우리에게 이전에 해본 적 없는 생각을 하게 만들고, 이전에는 상상도 할 수 없었던 실행을 제안한다. 그 과정은 잇마인드가 이미 장악한 나 자신과의 치열한 싸움이다. 몇십 년간 굳어져 버린 고정관념과 고집을 내려놓고, 귀찮음과 순간순간 싸워 이겨야 한다. 오래 묵은 나와 싸워서 이기는 것은 결코 쉬운 일이 아니다. 흔들릴 때마다 나를 단단하게 붙잡으려면 '네가 옳다. 지금 잘하고 있다'라는 확인과 응원이 필요하다. 그것이 바로 내가 나에게 해주는 뜨거운 칭찬이다. 때문에 딥마인드를 깨우고 성장시키고 싶다면 반드시 칭찬으로 나의 변화를 응원하고 이를 비잉노트에 써야 한다. '잘했어!'라고 생각만 하고 끝내면 효과가 없다. 글로 명확히 '증거'를 남겨야 다음 날 다시 반복할 에너지가 확실히 충전된다.

아들이 칭찬 한마디로 20분 만에 끝날 대화를 2시간 넘게 이어갔듯 칭찬은 다음 행동을 계속 유발하게 만드는 힘이 있다. 칭찬받은 그 행동을 반복하거나 그보다 더 적극적인 행동을 끌어내는 힘이다.

남편에게 설거지 잘했다고 칭찬 한마디 했더니 갑자기 텐션이 올라 온 방에 있는 컵을 다 가져와 설거지를 하는 것과 같은 이치다. 한 명의 남편이 갑자기 세 명이 된 것 같은 효과. 원래 있던 에너지를 3배, 4배로 증폭시키는 것이 칭찬이고 이는 아이든 어른이든 똑같이 적용된다. 셀프 칭찬 역시 bod루틴의 실행력을 3배 이상 끌어올리는 효과가 있다. 딥마인드 토크를 할 때마다 칭찬을 반복해보자. 그래 야 매일 동기부여를 받고 bod루틴을 지속할 수 있다.

셀프 칭찬을 안 해본 사람은 내가 나에게 하는 칭찬이 과연 남이 나에게 해주는 칭찬만큼 효과가 있을지 의심한다. 내 경험상 셀프 칭찬의 위력이 훨씬 더 강하다. 타인이 해주는 칭찬은 겉으로 보이는 나, 그중에서도 매우 유능한 나의 모습이다. 더 이상 동기부여를 받거나 변화하지 않아도 되는 모습을 칭찬받는 것은 큰 의미가 없다.

셀프 칭찬의 무한한 잠재력
—

내가 아침마다 30분 걷기와 싸우고 있다는 것, 하루 3번 남편에게 칭찬하기를 하고 있다는 것, 매일 건강한 식단으로 바꾸고 있다는 것은 나만 안다. 내가 어느 지점에 가장 취약하고 그것을 극복하기 위해 무엇을 하고 있는지, 이런 노력으로 오늘 어떤 칭찬을 받아야 마땅한지 아는 사람도 나밖에 없다. 그래서 칭찬을 가장 정확하게 가장 적당한 때에 가장 진정성 있게 해줄 수 있는 사람도 바로 나다.

사실 나이가 들수록 칭찬해주는 사람도 별로 없다. 어른이 되면 열심히 하는 것, 잘하는 것이 당연해지기 때문이다. 그래서 내가 나에게 하는 칭찬이 더욱더 필요하다. 셀프 칭찬이야말로 큰 에너지를 쓰지 않고 딥마인드를 성장시킬 수 있는 최고의 방법이다. 나 역시 bod루틴을 하며 변화하는 데 있어 셀프 칭찬이 얼마나 필요한지 제대로 실감하는 중이다. 칭찬이 없었다면 나는 중도에 수없이 포기했을 것이고, 다시 나를 일으켜 세우지도 못했을 것이다.

스스로 자기 자신을 자주 칭찬해본 사람은 다른 사람도 습관적으로 칭찬한다. 이것이 셀프 칭찬의 큰 효과 중 하나다. 칭찬도 습관이다. 그래서 칭찬을 안 해본 사람은 남을 칭찬하는 게 어색하고 힘들다. 특히 친한 사이나 가족끼리는 말하지 않아도 다 알지 않느냐며 웬만한 일은 그냥 넘어간다. 나처럼 성질이 급하고 독한 사람은 칭찬은커녕 나를 지적하듯 가족도 지적하기 바쁘다. 그러나 섣부른 충고와 지적은 하면 할수록 자기 손해이고 스스로를 고립시킬 뿐이다. 나도 딥마인드 토크를 통해 그런 나를 부단히 바꾸려고 노력 중이다. 오랫동안 굳어진 말습관을 바꾸는 게 쉽지 않아 지금도 나는 비잉노트에 매일 가족과 직원들에게 어떤 칭찬을 할지 그 내용을 미리 적어놓고 만나면 꼭 그 얘기를 하려고 애쓴다.

칭찬은 상대방의 자존감을 키워주는 가장 간단하면서 쉬운 방법이다. 그래서 나이 차이가 많이 나는 어른과의 관계에서도, 격식을 차려야 하는 어려운 관계에서도 기막히게 작동한다. 아무리 나이가 어린 사람도 칭찬을 할 줄 아는 사람은 인간관계의 폭이 넓고 깊다. 그러나 나이가 많은 어른이라 할지라도 칭찬을 할 줄 모르는 사람은 사람을 사귀지도, 잘 다루지도 못한다. 이는 나 자신뿐 아니라 가족, 직장동료, 사회에서 만난 누구라도 해당된다. 딥마인드 토크를 통해 하루에 꼭 한 번씩 나를 칭찬해보자. 그러고 나서 가족, 직장동료, 친구까지 그 범위를 넓혀보자. 칭찬은 나와 타인의 잠재력과 자존감을 키우는, 누구나 할 수 있음에도 인색했던 '선한 자극'이다.

인생의 주도권을 되찾는
연습, '반성'

7급 공무원인 은민님은 며칠 전 조퇴를 하고 일터를 나와 버렸다. 아침부터 팀장과 안 좋은 일이 있었기 때문이다. 은민님은 이날 팀장과의 미팅에서 보고서 완성 기한을 늦춰달라고 요청했다. 현재 그녀가 맡고 있는 일이 너무 많아 보고서에 쏟을 시간이 부족한 게 이유였다. 그러자 팀장은 그 자리에서 막내 직원을 불러 그녀의 업무 중 몇 가지를 바로 넘겼다. 은민님은 자신과 한마디 상의 없이 업무를 넘긴 팀장에게 순간적으로 화가 치밀었다. 일이 많아 힘들기는 했지만 그녀가 공들여왔던 업무들이었기 때문이다.

"군말 없이 일하니까 내가 그렇게 만만해? 어떻게 나와 한마디 상의 없이 그동안 힘들게 해왔던 일을 딴 사람에게 넘길 수가 있어? 자기가 팀장이면 다야? 네가 보기에도 일 처리가 이상하지 않니?"

그녀는 회사를 나오자마자 지인에게 전화를 걸어 거친 말로 팀장의 뒷담화를 했다. 자연스레 담배가 생각났다. 평소 그녀는 담배를 피우지 않지만 스트레스를 받으면 흡연을 하며 그날의 안 좋았던 상황을 정교한 스토리텔링으로 다듬는 데 에너지를 쏟곤 했다. 그러나 몇 달째 bod루틴을 하고 있던 은민님은 그날 담배 대신 다른 선택을 했다. 비잉노트를 펼치고 오늘 있었던 일을 생각해보기 시작했다.

'팀장이 정말 나를 만만하게 보고 그런 행동을 한 걸까?

머리끝까지 올라왔던 감정이 썰물처럼 빠지고 나자 그녀는 깊은 생각에 잠겼다. 2년 가까이 함께 일해 온 팀장은 늘 합리적으로 일을 처리해 은민님과 서로 신뢰가 쌓인 사이다. 그녀는 팀장이 함부로 남을 무시하는 사람이 아니라는 것을 누구보다 잘 알고 있다. 한동안 고민하던 끝에 그녀는 비잉노트에 이렇게 적어 내려갔다.

팀원들이 일을 더 잘할 수 있게 업무를 조정해주는 것이 팀장의 역할이다. 팀장은 나를 무시한 게 아니라 본연의 역할을 한 것뿐이고 결과적으로 내 일은 줄어들었다. 이제 여유 있게 일할 수 있으니 화를 낼 일이 아니라 오히려 감사한 일이다. 나는 그동안 인간관계에서 갈등이 생길 때마다 감정적으로 반응해 늘 후회하곤 했다. 다음에는 그러지 않도록 이 문제를 3일 동안 30분씩 더 생각해보자.

실수와 후회를 벗어던지는 특별한 방법
—

이 글을 쓰면서 그날 은민님에게 벌어졌던 '안 좋은 일'은 결국 감사와 반성으로 정리됐다.

"제 성격이 조금 예민한 편이라 예전 같았으면 최소 일주일은 엄청나게 스트레스받고 팀장과도 어색해졌을 거예요. 그런데 딥마인드 토크를 하면서 이 사건이 아무렇지 않게 지나갔어요. 그런 저 자신에게 저도 깜짝 놀랐어요."

은민님이 경험한 사건은 직장인이라면 일상적으로 겪는 일이다. 함께 일하는 상사, 동료와의 크고 작은 갈등은 늘 벌어지는 일이다. 그럴 때마다 우리는 어떻게 대처할까. 대개 감정을 더 '증폭'시키는 방식을 택한다. 뒷담화나 술을 마시며 분노와 실망감을 더 끌어올려 울분을 토하듯 쏟아낸다. 물론 그렇게 해서 스트레스가 정말 풀린다면 나쁘지 않은 방법이다.

문제는 그렇게 해도 해결되는 게 없을 때다. 은민님은 그동안 인간관계에서 갈등이 생기면 늘 비슷한 패턴으로 반응했다. 그러나 스트레스가 풀리는 것은 그때뿐 지나고 나면 늘 후회가 남았다. 갈등 앞에서 감정적이고 예민한 자신을 바꾸고 싶었지만 어디서부터 어떻게 바꿔야 할지 알 수가 없었다.

그런데 그날 은민님은 처음으로 다른 선택을 했다. 감정을 증폭시키는 대신 자기 자신과의 대화를 시작한 것이다. 이것이 바로 딥마인드 토크의 3번째 도구인 '반성'이다. 반성은 변화를 만드는 가장 핵심적인 요소다. 반성이 없으면 변화도 없다. 나의 하루에 대해서 진지하게 성찰하지 않는다면 우리는 어제와 똑같은 패턴으로 똑같은 실수를 반복하며 살 수밖에 없다. 타고난 성향이나 오래된 습관, 순간의 감정에 따라 행동하게 된다. 또는 잇마인드가 시키는 대로 정신없이 달리다가 비슷한 실수와 후회를 반복하기도 한다. 이를 깨는 유일한 방법이 바로 반성이다.

반성이라고 해서 모든 것을 내 탓으로 돌리라는 게 아니다. 반성에서 가장 중요한 핵심은 '오늘 벌어진 상황'을 '내가 고민해봐야 할 문제'로 가져오는 것이다. 은민님은 처음에 이 사건이 팀장의 잘못된 일 처리 때문에 벌어진 상황이라고 생각했다. 애써 내가 고민할 필요가 없는 '그의 문제'로 결론 낸 것이다. 그럴 때 피해자 은민님이 할 수 있는 일은 담배를 피우거나 상대방을 욕하는 것 정도밖에 없다.

그런데 은민님은 이를 거부하고 본인이 주체적으로 다시 이 일을 성찰해 보겠다고 결정했다. 그건 사실 그녀 자신을 위한 선택이었다. 살다 보면 갈등은 늘 생기기 마련인데 그때마다 본인이 감당해야 할 스트레스가 너무 컸다. 그녀는 더 이상 누군가를 원망하는 데 에너지를 쓰고 싶지 않았다. 그렇게 결심한 순간 이 일은 팀장의 문제가 아니라 그녀 자신의 문제가 된다. 내가 책임지고 해결해야 할 나의 문제. 이처럼 반성은 나에게서 해결책을 찾겠다는 결심이 설 때만 가능하다. 인생의 주도권을 되찾는 연습이 바로 반성이다.

반성은 인생의 주도권을 되찾는 연습이다.
반성이 없으면 그 어떤 변화도 없다.

내가 틀려야 행복하고 내가 틀려야 변화된다

—

그런데 이게 말처럼 쉽지 않다. 많은 사람들이 갈등이 발생하면 상대방 탓으로 결론을 내고 미워하고 원망하는 방식을 택한다. 그게 계속 쌓이면 나중에는 한편의 스토리로 '박제'된다. 수없이 반복하며 논리를 다듬고 여러 지인의 맞장구에서 얻은 힌트를 추가해 완벽한 빌런 스토리를 만드는 것이다.

"그때 너희 시아버지가 괜히 사업한다고 들쑤시고 다니다가 재산을 다 날리는 바람에 서울대에 충분히 갔을 너희 시누이가 전문대밖에 못 갔지 않니? 자식들 앞길 다 막은 게 너희 시아버지야. 내가 저 인간 볼 때마다 아주 속이 터진다."

우리네 어머니들은 이런 스토리가 다들 몇 개쯤 있다. 몇십 년 동안 똑같은 얘기를 거의 100번은 한다. 놀라운 건 그때마다 토씨 하나 안 바꾸고 마치 처음 얘기하는 것처럼 반복한다는 사실이다. 20년 전의 과거 일이지만 당신에게는 아직 끝나지 않은 현재이기 때문이다. 이렇게 박제된 스토리를 바꾼다는 건 거의 불가능하다. 일단 내가 고민해야 할 문제로 가져오는 것 자체가 용납이 안 된다. 고민을 내 것으로 가져오는 순간 내가 손해 보는 것 같고, 진 것 같고, 잘못 산 것 같은 복잡한 감정과 마주해야 한다. 그러느니 차라리 해묵은 불행을 끌어안고 사는 길을 택한다.

나 역시 그랬다. 갈등이 생길 때면 늘 상대방의 잘못이라 결론 내고 원망하는 데 엄청난 에너지를 썼다. 그런데 딥마인드와 진지하게 대화하면서 견고했던 스토리가 깨지기 시작했다. '누가 옳고 누가 그르다'라는 판단에 갇혀 나 스스로를 불행 속에 가두었다는 사실을 깨달았기 때문이다. 특히 가족관계에서는 옳고 그름을 따지는 것이 무의미하다. 이겼는데 불행하고 이겼는데 공허한 것이 바로 가족이다.

아이러니하지만 내가 100퍼센트 옳으면 문제는 전혀 바뀌지 않는다. 내 고집으로 불행을 만들어내는 사람들은 내가 옳아서 불행한 것이다. 내가 틀려야 행복해진다. '내 생각이 잘못됐을지도 모른다'라고 열어놓는 만큼 변화의 여지가 생긴다. 내가 틀려야 행복하고 내가 틀려야 변화된다. 이처럼 나를 가장 사랑하고 나의 행복이 가장 중요한 딥마인드의 기준으로 보면 똑같은 사건도 완전히 다르게 보인다.

사건을 나의 문제로 가져왔다면 그다음 단계는 사건 속에 숨겨져 있는 팩트를 찾아야 한다. 은민님은 팀장의 결정이 자신을 무시하고 만만하게 봤기 때문이라고 생각해 분노와 실망감에 휩싸였다. 그러나 감정을 걷어내고 객관적으로 상황을 보니 팀장은 그녀를 무시한 게 아니었다. 팀원 업무 조율이라는 본인의 역할을 제대로 수행했을 뿐이다. 이렇듯 감정에서 스스로를 분리해 조금만 객관적으로 사건을 바라봐도 많은 문제가 해결된다. 최소한 감정에 휩쓸려 실수하는 일은 많이 줄일 수 있다.

반성의 끝에는 반드시 대안이 있어야 한다

—

반성의 마지막 단계는 자신의 부족한 부분을 인정하고 이를 어떻게 바꿀지 구체적인 방법을 고민하는 것이다. 은민님은 그날 자신이 감정적으로 대처했다는 사실을 인정하고 이를 반복하지 않기 위해 '이 문제를 3일 동안 30분씩 더 생각해보자'라고 노트에 썼다. 자신의 부족함을 발견하는 순간 격차가 생긴다. 그 격차를 발견했다면 반드시 이를 메꾸기 위한 구체적인 '지시'가 들어가야 한다.

'어제 만났던 분들이 이번 프로젝트를 진행하는 데 많이 도와주셨는데 말로만 고맙다고 했네. 다음 모임 때 작은 선물이라도 하나씩 준비해야겠어.'

'어제 아이가 밥을 빨리 안 먹는다고 또 신경질을 냈다. 나는 왜 자꾸 아이에게 화를 낼까? 이번 주 bod루틴 시간마다 10분씩 곰곰이 생각해보자.'

이렇게 반성이 생각에 그치지 않고 행동의 변화로 이어지려면 구체적인 딥마인드 미션을 만들어 실행에 옮겨야 한다.

반성은 기본적으로 '격차'에서 나온다. '이렇게 했어야 했는데, 나는 이랬어야 하는 사람인데 그러지 못했어'처럼 자신의 기준에 도달하지 못했을 때 우리는 반성하게 된다. 그만큼 자신의 내적 기준이 높아야 평소의 행동에서 문제점을 발견할 수 있다. 처음에는 누구나 격차가 잘 보이지 않는다. 평소 내가 하는 말이나 행동에서 문제의

식을 잘 느끼지 못한다. 작은 것에서부터 반성을 통해 내가 어떤 점이 부족한지 인식하고 그것을 채워나가면 기준이 한 뼘 더 높아진다. 그러면 다시 새로운 격차, 나의 부족한 점이 보이기 시작한다.

격차를 느끼고 그 차이를 메꿀 때마다 사람의 '격'이 달라진다. 사람의 격이 높을수록 반성의 사이즈가 커지고 깊어진다. 따라서 반성하는 실력이 늘수록 딥마인드 엔진도 함께 성장한다. 바꿔 말하면 반성할 게 없다는 것은 더 나은 나를 상상할 수 없다는 뜻이자 성장이 멈췄다는 얘기다. 나이가 들수록 우리는 반성에 게을러진다. 본인의 문제도 있지만 주변에서도 말을 아낀다. 마흔이 넘으면 아무리 가까운 사이라도 함부로 충고하기 어렵다. 특히 다른 사람의 견고한 불행 스토리를 함부로 건드렸다가는 절교당할 수 있다. 말한들 절대 바뀌지 않는다는 것도 서로 너무 잘 안다. 때문에 반성은 오직 나만 할 수 있다. 나의 가장 밑바닥까지 내려가 무릎 꿇고 정직하게 부족함을 인정할 수 있는 사람, 진정 사랑하는 마음으로 뼈아픈 충고를 해줄 사람은 세상에 오직 나밖에 없다. 더 나은 내가 되기 위한 정직한 상상, 반성을 시작해보자.

나를 더 단단하게 만드는
인생 질문과 마주하기

감칭반을 하다 보면 내 안의 딥마인드가 점점 활성화되는 것을 느끼게 된다. 감사를 통해 힘든 사건을 뒤집어보는 통찰력과 회복탄력성이 커지고, 칭찬을 통해 스스로 동기부여를 받으며, 반성을 통해 더 좋은 방향으로 변화해가는 자신을 발견한다.

이렇게 나와의 딥마인드 토크가 현실에서 좋은 결과를 만들어낼수록 스스로에 대한 자신감이 커지기 시작한다. 나를 믿어도 되겠다는 마음이 생기는 것이다. 또 한 가지 '확신'이 생긴다. 나의 행동을 후회하고 반성하는 내 안의 목소리가 정말 나를 사랑하는 마음이라는 확신, 나를 아끼고 위하는 마음에서 나온 것이라는 확신이다. 이처럼 나에 대한 자신감과 확신이 생기면 딥마인드 토크도 점점 업그레이드된다.

이때부터 일상적으로 하는 감칭반 외에 내가 나에게 다양한 '인생 질문'을 던지기 시작한다. 처음에는 당장 눈에 보이는 것에서부터 질문이 시작된다.

'옆집 엄마가 늦었다며 빨리 아이를 수학학원에 보내라고 얘기하는데, 진짜 그래야 하는 걸까?'

'어제 남편하고 말다툼을 했는데 어떻게 풀어야 하지?'

'며칠 전 이직 제안이 왔는데 그 회사로 옮기는 게 더 나을까?

이전 같으면 내가 나를 못 믿어 믿을 만한 사람들을 찾아 얘기했을 것이다. 늘 친한 사람들에게 하소연하거나 주변 사람들의 의견에 많이 좌지우지됐을 것이다. 그러나 믿을 만한 딥마인드가 있는 지금은 다르다. 다른 사람에게 묻기 전에 먼저 비잉노트에 적으며 나에게 묻고 답을 찾기 시작한다. 이틀이 걸리건 일주일이 걸리건 답이 나올 때까지 기다리며 자신이 찾은 가장 지혜로운 해답을 낸다. 딥마인드 토크가 감칭반에서 끝나는 것이 아니라 실제 자신의 인생 문제를 풀기 시작하는 것이다. 나와 bod루틴을 함께하는 이들은 대부분 이런 과정을 거쳤고 지금도 진행 중이다.

삶이 변할수록 곪았던 문제가 선명히 보인다
—

인생 질문을 계속 풀다 보면 내 일상도 점점 좋은 방향으로 변한다.

현실에 지쳐 방치했던 무질서와 혼란이 조금씩 정리되고 내가 그동안 원했던 모습, 가장 행복하고 안정감 있는 모습에 가깝게 변해간다. 그렇게 삶이 변할수록 남아있는 인생의 문제들이 하나둘 더 선명하게 보이기 시작한다. 이전에는 문제가 워낙 많고 복잡하게 엉켜 있어 그냥 덮어놨거나 지나갔거나 스스로 문제 삼지 않았던 것들이 눈에 더 잘 보이게 된다. 그중에는 오랫동안 누적된 문제들도 있다.

잇마인드 엔진을 열심히 돌리다 보면 반드시 찌꺼기가 쌓이게 된다. 그것들이 오랫동안 쌓이면 내 인생에 다양한 모습으로 등장한다. 어떤 사람은 자녀의 문제로, 어떤 이는 돈이나 습관 문제로, 또 누군가는 복잡한 심리적 문제로 오랫동안 발목을 잡힌다. 문제해결 능력이 뛰어난 사람도 정작 본인의 문제는 해결하지 못하는 경우가 많다. 매일 조금씩 찌꺼기가 쌓였기 때문에 어디서부터 잘못됐는지 찾기 어렵고 어떻게 풀어야 할지도 모른다. 해묵은 인간관계 같은 문제는 선불리 건드렸다가 괜히 긁어 부스럼 만들까 봐 못 건드리는 경우도 있다. 혹은 이 문제를 해결하려면 얼마나 고생할지 눈에 보이고 수습하는 데 너무 많은 에너지를 쓸 것 같아서 일부러 덮어두기도 한다. 그래도 살아지는 게 우리네 인생이니까. 두세 개의 문제가 잘 풀리면 나머지 문제들도 어찌저찌 끌려가긴 하니 말이다.

크고 해결하기 어려운 문제일수록 사람들은 누군가에게 책임을 전가하고 빠져나오는 방식을 택하기도 한다. 사람은 영리해서 세상의 온갖 상식과 합리를 끌어다 자기만의 견고한 성을 쌓고 타인을 원망하며 빠져나간다. '남들도 다 이렇게 살지, 뭐 다른 방법 있어? 나 정도면 죽을 만큼 최선을 다했지, 여기서 어떻게 더 해?'라고 스스로를 합리화한다. 그런데 딥마인드 토크의 수준이 높아질수록 자꾸 덮어두었던 이 문제가 질문으로 떠오른다. 내가 누리고 싶은 행복의 차원, 인격의 차원이 달라졌기 때문이다. 더 괜찮은 사람, 더 행복한 사람이 되고 싶은 열정과 자신감이 생겨 이전에 덮어두었던 문제들이 보이기 시작한다.

묵힌 문제를 네 탓이 아니라 내 탓으로 가져오는 기술
—

중학교 체육 교사인 수훈님도 bod루틴을 하면서 오래된 문제가 인생 질문으로 떠올랐다. 30대 후반의 수훈님은 결혼 9년 차에 두 아들을 둔 외벌이 가장이다. 사랑해서 결혼한 아내였지만 최근 다툼이 잦아졌다. 내 시간이라고는 전혀 없이 학교와 집만 오가며 가족에게 헌신하는데 알아주지 않는 아내에 대한 불만이 점점 커졌다. '나는 이 집에서 돈 벌어오는 기계'라는 생각마저 들었다. 집에 오면 말이 없어지고 사소한 일에도 짜증을 냈다. 아이들도 냉랭한 엄마와 아빠의 눈치를 보기 바빴다. 사실 이는 한국의 많은 부모가 겪고 있는 현실적인 문제다. 경제적 책임과 양육 스트레스 속에서 서로를 배려할 여유를 잃기 쉽다. 실제로 많은 부부가 '결혼은 원래 다 그런 것'이라며 반쯤 포기한 상태로 살아간다.

그러나 수훈님은 더 이상 그러고 싶지 않았다. 매일 밀려드는 우울하고 불행한 감정 속에 더 이상 자신과 사랑하는 가족을 방치하고 싶지 않았다. 그는 이 문제를 자신의 인생 질문으로 가져와 며칠 동안 스스로 묻기 시작했다. 그리고 마침내 비잉노트에 이렇게 써 내려갔다.

나는 그동안 집에서 돈 벌어오는 기계 같았다. 하지만 그건 아내가 나를 그렇게 대했기 때문이 아니라 나 자신부터 나를 수단으로 취급했기 때문이라는 걸 알았다. 나는 그동안 어떤 남편, 어떤 아버지가 되고 싶은지 생각하지 않고 생계 부양자의 역할로만 나를 대했다. 이제부터라도 나는 가족 안에서 행복한 사람이 되고 싶다.

그는 당장 할 수 있는 것부터 하나하나 실행했다. 우선 매일 하루에 3번 이상 가족과 포옹하기 시작했다. 그가 처음 포옹했을 때 아내는 무척 당황하고 어색해했다. 아이들은 평소 무뚝뚝하던 아빠가 안아주겠다고 다가오자 도망 다녔다. 그래도 그가 포기하지 않고 일주일간 계속 노력하자 아이들이 먼저 달려와 품에 안기기 시작했다. 포옹을 자주 했을 뿐인데 집안에 온기가 돌고 웃음이 끊이지 않았다. 매일 퇴근 후 30분씩 아이들과 몸으로 놀아주면서 아이들과 더 친해지고 아내와의 대화도 훨씬 부드러워졌다. 변화를 시도한 지 한 달도 채 되지 않아 수훈님은 이렇게 말했다.

"bod루틴을 통해 사소한 행동 하나하나가 저 자신을 변화시키고 가족에게도 긍정적인 영향을 미치는 모습을 보며 매일 놀랍니다. 그토록 원했던 가족과의 관계 회복이 이렇게 빨리 이루어질 줄은 정말 몰랐어요."

그가 정말 대단한 건 가족과의 관계 회복을 자신의 인생 질문으로 가져왔다는 사실이다. 이 문제를 아내의 탓으로 돌리지 않고 본인의 책임으로 가져와 반드시 해결하겠다고 결심한 것. 그 자체가 가장 위대한 변화다.

수훈님처럼 자신의 문제를 인생 질문으로 가져와 풀 때 반드시 기억해야 할 것이 있다. '내 인생에서 생긴 문제는 반드시 내 손으로 풀 수 있다'라는 사실이다. 오랜 시간 누적된 문제일수록 막상 풀려면 막막하고 자신감을 잃기 쉽다. 실제로 어떤 문제든 초반에는 아이디어도 미숙하고 실행할 자신도 없어 전혀 해결될 것 같지 않다.

수훈님의 아내와 아이들도 갑작스러운 포옹이 어색해 도망 다녔다. 사실 인간관계 문제는 내가 열심히 노력해도 상대가 반응하지 않거나 오히려 거부할 수 있다. 예전 같으면 그런 상황에서 화를 내며 진작 포기했을 것이다. 수모를 감내하면서까지 나의 변화를 끝까지 밀고 갈 힘이 없기 때문이다. 그러나 지금은 다르다. 감칭반이 있기 때문에 그 과정에서 실망하고 좌절해도 딥마인드 토크를 통해 추

진력을 얻을 수 있다. 예전처럼 감정에 끌려다니지 않고 내 감정을 스스로 컨트롤할 수 있다. 때문에 나의 딥마인드 토크 실력을 믿고 자신감 있게 도전해봐도 괜찮다. 다만 문제를 한꺼번에 풀려는 욕심을 버리고 매일 조금씩 쪼개서 풀어야 한다. bod루틴은 매일 하면 할수록 실력이 늘기 때문에 오늘보다 내일이 훨씬 현명할 수 있다. 그러니 오늘 다 끝장내려는 생각을 버리고 매일 bod루틴을 통해 조금씩 실천하면서 방향을 조율해야 한다.

여기서 중요한 건 매일 작은 실천을 하는 것이다. 인생 질문은 앉아서 딥마인드 토크만 해서는 절대 풀리지 않는다. 수훈님이 '가족과의 포옹'이라는 실행으로 자신의 문제를 풀어나갔듯 오래된 인생 문제를 해결하려면 오거나이징을 하고, 이를 두잉으로 연결해 반드시 실천해야 한다. 그리고 딥마인드에게 그 결과를 피드백하면서 이 방법을 지속할지 바꿀지 계속 고민해야 한다.

문제를 마주하면 새로운 나와 마주할 수 있다
—

살아보면 안다. 내가 오래 묵혀둔 문제, 오랫동안 내 발목을 잡았던 인생 문제를 푸는 게 얼마나 어려운가를. 아마 죽을 때까지 스스로 해결하지 못하고 가는 사람이 태반일 것이다. 그러나 덮어두고 사는 것도 그리 쉬운 일은 아니다. 시도 때도 없이 튀어 올라 나를 괴롭히는 문제를 덮으려면 엉덩이에 힘을 줘서 눌러야 한다. 나도 모르게 힘을 주느라 온몸이 뻣뻣해진 상태로 살고 있다는 것도 모른 채.

그런 문제들을 자신의 힘으로 풀어낸다는 것, 오래된 족쇄에서 벗어나 자유를 얻는다는 것은 정말 기적 같은 일이 아닐 수 없다. 우리의 인생은 그런 기적을 만든 이에게 반드시 '선물'을 준다. 나에 대한 새로운 기대와 소망이 생기면서 지금까지 안 해본 일들을 시도하게 된다. 지금보다 더 행복하기 위한 선택, 나를 위한 더 좋은 도전을 해보는 것이다.

수훈님 역시 자신의 엔진을 잇마인드에서 딥마인드로 갈아 끼우면서 교사로서의 모습도 함께 달라졌다. 틀에 박힌 체육수업 커리큘럼과 방식에서 벗어나 어떻게 하면 아이들이 운동을 스스로 좋아하게 할 수 있을지 고민하기 시작했다. 체육 시간 50분을 촘촘하게 나눠 아이들이 흥미를 느낄 만한 다양한 요소들을 새롭게 도입해 수업 참여도를 90퍼센트 가까이 끌어올렸다. 수훈님의 딥마인드가 깨어나면서 교사로서 자신의 내적 기준과 성취까지 스스로 높아진 것이다.

딥마인드와 자주 대화하면 내 마음의 '격'이 달라진다. 이를 통해 우리는 덮어두었던 혹은 오랫동안 미뤄두었던 질문을 발견하게 된다. 이에 성실하게 대답하며 현실에서 풀어나가는 과정이야말로 진정으로 '나를 사랑하는 방법'이다. 나를 사랑한다는 것은 외침이나 구호가 아니다. 나 자신과 대화하고 해결 방법을 함께 고민하며 결심한 것을 끝까지 해내는 '실체적 경험'. 그것이 진짜 사랑이다.

느려 보이지만
결국 가장 빠른 길

내가 1년 넘게 bod루틴 프로그램을 진행하면서 알게 된 사실이 있다. 사람들이 비잉, 즉 딥마인드 토크를 어려워한다는 것이다. 조금 더 정확히 말하면 귀찮아한다. 우리가 생각이라고 '착각'하는 걱정, 한탄, 짜증 같은 것을 걷어내고 진지하게 나에 대해 생각하고 고민하는 시간만 따져보자. 과연 하루에 얼마나 될까. 솔직히 우리는 bod 중에서 비잉 실력이 가장 떨어진다.

bod루틴을 처음 시작할 때도 마찬가지다. 귀찮고 어려운 비잉을 건너뛰고 예전처럼 두잉으로 바로 가고 싶어진다. 감칭반 같은 소소한 딥마인드 토크를 한다고 해서 뭐가 바뀔까 싶고 시간만 더 걸릴 것 같은 생각이 든다.

잇마인드는 언제나 빠른 결과를 원한다. 내가 노력한 결과를 현실에서 빨리 보고 싶다. 일단 빠르면 성공, 느리면 실패라고 생각한다. 사람들은 밟아야 할 단계를 건너뛰기 위해 기꺼이 비용까지 지불한다. 이런 잇마인드의 관점에서 보면 초반에 시간과 에너지가 드는 딥마인드 토크는 상당히 느리고 불필요해 보일 수 있다.

50대 초반의 교사 미정님도 그랬다. 몇 달 전, 그녀는 내가 개최한 5주 워크숍에 참여해 bod루틴을 처음 알게 됐다.

"첫 주에는 bod루틴이 생소해 이걸 한다고 뭐가 달라질까 싶어 할까 말까 고민이 되더라고요. 그러다 이왕 참여했으니 한번 해보자는 생각으로 마음을 다잡고 시작했죠."

진짜 원하는 길을 찾아주는 길라잡이

—

그 무렵 미정님은 24년간의 교직 생활을 마무리하고 취미로 공부해 왔던 명리학을 직업으로 삼을 생각이었다. 사무실을 알아보고 명리 상담가가 되기 위한 준비를 한창 하고 있었다. 그런데 bod루틴을 한 지 5주 만에 그녀는 뜻밖의 얘기를 꺼냈다.

"명리 상담을 안 하기로 했어요. 비잉을 하면서 저 자신과 많은 대화를 해보니 제가 정말 하고 싶은 것은 명리학이 동양학에서 갖는 위상을 학문적으로 재정립하는 것이더라고요. 그래서 명리학 책을 쓰고 동양철학 전문 출판사를 만들기로 방향을 바꿨습니다."

자신의 꿈이 명확해지자 그녀는 명리학을 더 공부하기 위해 박사 과정을 알아보고 출판 편집 공부도 시작했다. 또 6개월 동안 막연히 해야겠다고 생각만 했던 유튜브도 바로 시작했다. 명리학을 학술적으로 정리하고 싶은 목적이 명확해지니 조회수에 연연하지 않고 실행할 수 있게 된 것이다. 그녀는 "bod루틴 덕분에 꿈의 방향이 정해지니 구체적인 길이 보여요. 공부에 몰입도 더 잘 되고요"라며 밝게 웃었다.

미정님처럼 첫 번째 직업을 마무리하고 두 번째 직업을 준비할 때 가장 집중해야 할 게 바로 비잉이다. 잇마인드 엔진으로 오래 살아온 사람은 이럴 때 대부분 해야 하나 싶은 것, 지금 할 수 있는 것, 남들이 보기에 좋아 보이는 것을 선택한다. 딥마인드 엔진이 없으면 두 번째 직업을 찾는 중요한 일에서조차 나의 중심과 기준을 세우지 못한다.

그러다 보면 다시 머나먼 길을 돌아가야 한다. 미정님도 bod루틴을 하지 않았다면 원래 계획대로 상담소를 차렸을 것이다. 명리 상담을 하면서 '이게 맞나?'라는 고민을 몇 년 동안 했을지도 모른다. 다행히 딥마인드 토크를 통해 귀한 시간을 아끼고 그녀가 진심으로 원하는 일에 집중하게 됐다. 처음에는 별것 아닌 것 같고 느려 보였던 비잉의 시간이 사실은 가장 빠른 길을 찾아준 셈이다.

딥마인드 토크가 선물하는 단단한 자신감

—

미정님과 함께 5주 워크숍에 참여했던 진경님도 bod루틴을 통해 놀라운 변화를 겪었다. 대학을 졸업하고 건축설계사로 일하던 그녀는 몇 년 전 새로운 꿈이 생겼다. 강사가 되어 사람들의 마음을 치유하고 자신을 사랑하는 법을 알려주고 싶다는 인생의 목표가 생긴 것이다. 그러나 이를 현실에서 어떻게 구현해야 할지 막막하기만 했다. 막상 사람들 앞에 나서자니 용기가 나질 않았다.

그렇게 시간만 흘려보내다 그녀는 bod루틴을 시작했다. 처음에는 예전처럼 빽빽한 목표와 투두리스트로 다이어리를 채웠다. 그러다 그것의 상당수가 잇마인드가 시키는 일이라는 것을 알게 됐다. 그 후 진경님은 욕심을 버리고 감칭반에 집중했다. 오늘 꼭 해야 하는 중요한 일을 한두 가지로 줄이고 감사, 칭찬, 반성으로 하루를 리뷰하는 데만 오롯이 몰입했다.

"감칭반을 하면서 거창하고 대단한 일이 아니라 일상의 작고 소소한 것들이 딥마인드를 깨운다는 사실을 깨달았어요. 글쓰기, 책 읽기 같은 작은 목표를 이루고 그런 나를 칭찬하고 감사하는 경험이 내면에서 단단한 자신감을 만들어주더라고요. 내 삶에 대한 집중도와 몰입도도 높아지고요. '이렇게 비잉노트를 계속 쓰다 보면 뭐가 되든 되겠구나'라는 확신이 들었죠."

진경님은 딥마인드 토크를 통해 자신이 그동안 왜 강사라는 꿈

앞에서 머뭇거렸는지도 알게 됐다. '강사가 되면 지금보다 돈을 많이 벌어야 하는데 어떻게 하지?'라는 걱정에서 늘 막힌 것이다. 그러나 막상 자기 자신과 오랫동안 대화해 보니 의외로 돈은 가장 마지막 순위에 있었다. 이를 확인한 진경님은 당장 수익이 나지 않더라도 그녀가 원하는 일에 도전해봐야겠다는 용기가 생겼다.

나를 진짜 사랑하는 목소리와 만나는 시간
—

마침내 그녀는 약속한 5주가 끝나기 전, 첫 강의 무대에 섰다. 20명의 청중 앞에서 그녀가 오랫동안 하고 싶었던 이야기를 멋지게 풀어냈다. 몇 년 동안 머릿속으로만 상상했던 첫 강의가 현실에서 이루어졌다. 진경님은 "감칭반 같은 일상의 작은 성찰이 인생의 전체 그림을 바꿀 수 있다는 것을 깨달았어요"라고 말했다. 매일 감칭반을 할 때는 소소하고 느려 보이지만 인생 전체를 놓고 보면 결코 작지도 느리지도 않다.

우리는 내가 원하는 것이 무엇인지 늘 고민한다. 내가 원하는 꿈이 무엇인지, 내가 원하는 직업은 무엇인지, 내가 원하는 삶은 무엇인지 고민한다. 그리고 답이 나오면 그걸 어떻게 현실로 만들 것인가에 대해서만 집중한다. 그러나 나를 가장 잘 알고 사랑하는 딥마인드는 나보다 더 깊고 멀리 보는 눈을 갖고 있다. 원하는 것 안에 감춰져 있는 진짜 고민을 찾아주고, 그보다 더 중요한 것을 발견하기도 한다.

무엇보다 딥마인드는 내 안의 진짜 목소리를 구분하게 해준다. 우리는 하루 종일 잇마인드의 말을 들으며 산다. 그러다 보면 무엇이 잇마인드의 소리이고, 무엇이 진짜 나의 목소리인지 뒤섞여 구분하기 어렵다. 원하는 길을 찾다가 옆길로 새기 일쑤다. 남보다 뒤처졌다는 두려움에 잇마인드는 빨라 보이는 샛길을 추천한다. 울컥 올라오는 시기와 질투심에 잇마인드는 쉽게 결과를 얻는 길로 안내하기도 한다. 그렇게 착시와 착각의 길에 몰입해 돈, 시간, 노력을 쏟다가 배가 침몰하기 직전에서야 잘못된 길에 와 있음을 우리는 깨닫는다. 잇마인드의 목소리가 진짜라고 믿고 아무 의심 없이 따라간 결과다. 그러나 딥마인드 토크를 하면 진짜 나를 사랑하는 목소리가 무엇인지 알 수 있다. 그리고 그 목소리를 따라가다 보면 진정 내가 원하는 삶을 살게 된다.

잇마인드의 길은 빠른 듯하지만 결코 빠르지 않다. 결국 번아웃으로 멈추게 되고 공허로 무의미함을 선언하게 된다. 한 개를 이루기 위해 잃은 아홉 가지를 회복하려 애쓰다 보면 결국 원래 자리로 돌아가게 된다. 반면 길 초입부터 딥마인드와 함께 걷고 중요한 골목마다 대화하면서 가면 마음의 성취감과 외부적 성공이 조화를 이루게 된다. 이것이 제대로 꿈을 향해 가는 길이다. 제대로 가야 빠른 길이다.

3부

스스로 진화하는
딥마인드를 만들어라

bod

.

.

.

routine

우리의 뜨거운 결심이
매번 실패한 이유

"이걸 진짜 대표님이 직접 만드셨다고요? 한두 번도 아니고 두 달 내내?"

직원들의 눈이 휘둥그레졌다. 지금 막 냉장고에서 꺼낸 컵 안에는 붉은 당근사과주스가 가득하다. 나는 평생 이런 걸 만들어본 적이 없다. 그 시간에 책 한 권이라도 보는 게 남는 거라고 늘 생각해왔으니까. 그런 내가 이 수고로운 당근사과주스를 직접 만들어 매일 남편과 마시고 있다. 왜 나는 이런 귀찮은 일을 시작했을까.

첫 시작은 단순했다. 함께 유튜브를 찍은 한약사님이 생채소주스를 만들어 먹는 게 건강에 도움이 된다며 강력 추천했다. 예전 같으면 그날 당장 채소부터 주문했겠지만 일단 참았다. 그리고 며칠 동안 비잉노트를 쓰면서 생각했다. '채소주스가 몸에 좋은 건 알겠어.

그럼 사 먹으면 되지, 바쁜데 굳이 직접?'이라는 당연한 질문부터 스스로에게 던졌다. 그렇게 한참 딥마인드 토크를 하다가 예전에 내가 비잉노트에 썼던 문장이 떠올랐다.

나는 일과 가족 안에서 중심을 잡고 건강하게 살고 싶어.

그러자 내가 채소주스를 직접 만들어야 하는 이유가 명확해졌다. 이제라도 그동안 소홀했던 나와 가족의 건강을 위해 정성을 들여야겠다는 생각이 들었다. 그 자체가 의미 있고 지금 필요한 일이었다. 이전에 경험해보지 못한 새로운 행복감을 얻을 수 있을 거라는 확신도 들었다. 며칠간의 진지한 딥마인드 토크 끝에 나는 결심했다. 매일 채소주스를 직접 갈아 만들기로.

아주 구체적으로 쪼개고 쪼개라
—

우선 당근사과주스를 루틴으로 만드는 데 드는 시간과 비용부터 따져봤다. 믹서기는 집에 있으니 채소만 사면 문제없다. 요새 채소 가격이 많이 오르긴 했지만 사 먹는 채소주스 가격도 만만치 않기 때문에 감당할 만하다. 만드는 데 걸리는 시간은 채소를 씻고 다듬고 믹서기 돌리는 데 매일 20분 정도면 충분할 것 같다. 요새 저녁 약속을 많이 안 잡고 있으니 퇴근하고 잠깐 만들면 되겠지. 그렇게 나는 스케줄을 적는 플래너에 '당근사과주스 만들기'를 썼다. 결과는 어떻게 됐을까?

일주일도 못 가서 멈췄다. 직접 해보니 여러 가지 문제가 발견됐기 때문이다. 일단 밤 8시가 넘으면 층간 소음 문제로 믹서기를 돌릴 수가 없다. 믹서기 소리가 생각보다 너무 컸다. 8시 넘어 들어가는 날은 무조건 실패다. 게다가 당근을 매일 씻는 것도 너무 귀찮았다. 예상은 했지만 생각보다 '훨씬' 더 귀찮았다. 흙당근을 깨끗이 씻고 다듬으려면 생각보다 많은 시간과 집중력이 필요했다. 할 때마다 '이걸 정말 계속할 수 있어?'라는 마음의 소리가 들렸다. 포기할까도 생각해봤지만 아직은 이른 것 같았다. 그래서 오랫동안 고민한 끝에 전략을 바꿨다.

일단 매일 채소주스를 만드는 계획은 과감히 폐기했다. 대신 컵 모양의 밀폐용기 10개를 주문했다. 그리고 일을 분업화하는 일종의 '컨베이어 시스템'을 만들기 시작했다. 모든 재료 주문은 금요일에 한다(잊지 않도록 휴대폰에 알림 설정까지 해놨다). 토요일에 당근과 사과가 배송되면 한꺼번에 다 씻어놓고 3일치씩 재료를 소분해놓는다. 다음 날 오전에 3일치 당근사과주스를 만든 다음 밀폐용 컵에 담아 냉장고에 넣어둔다. 이렇게 미리 밑작업을 해두고 3일에 한 번씩 믹서기를 돌리는 식으로 생산 시스템을 수정했다.

결과는 어땠을까. 대성공이었다. 매일 해야 하는 부담이 훨씬 줄었고 시간 문제도 해결됐다. 벌써 두 달째 당근사과주스를 먹고 있는데 눈이 밝아지고 속도 편안해진 느낌이다. 생전 기대하지도 않았던 이 낯선 풍경 속에 낯선 주스를 받아 든 남편도 어색해하다 이제는 적응한 눈치다. 정성스레 만든 걸 그도 알기에 매일 빠짐없이 기분 좋게 마신다. 그런 남편과 나를 보며 나는 딥마인드의 말대로 새로운 행복감을 느끼고 있다. 한 번도 해보지 않은 새로운 시도는 나에게 건강뿐 아니라 몰랐던 행복을 발견하게 해줬다.

실행은 딥마인드의 성장 동력
—

물론 어떤 독자는 나의 당근사과주스 도전기를 읽으며 이런 생각을 할 수도 있다.

'무슨 채소주스 하나 만드는 데 저렇게까지 해야 해?'

그런데 '저렇게까지' 해야 한다. 딥마인드를 통해 나온 미션을 새로운 루틴으로 정착시키는 일은 결코 쉽지 않다. 우리가 결정한 모든 것을 현실화하는 과정은 채소주스를 만드는 것과 같다. 아주 작은 습관 만들기부터 커다란 도전까지 모두 치밀한 기획과 고생스러운 수정이 필요하다. 이 모든 과정이 바로 딥마인드의 미션을 현실로 만드는 오거나이징이다. 딥마인드가 아무리 좋은 미션과 새로운 대안을 제시한다 해도 오거나이징이 없으면 이를 현실화하기 어렵다. 특히 운동이나 다이어트처럼 주기적으로 반복해야 하는 미션일 경우 더욱 그렇다.

오거나이징은 비잉과 완전히 다른 영역이다. 딥마인드 토크를 열심히 한다고 해서 저절로 오거나이징이 되는 건 아니다. 비잉에서 나온 결정을 나의 하루에 구현하려면 현실감각을 토대로 한 오거나이징 능력을 따로 갖춰야 한다. 그런데 이는 사실 우리가 잇마인드로 수없이 연습한 일이다. bod루틴은 딥마인드가 주체가 되어 잇마인드의 강점을 활용한다. bod다이어리에 딥마인드 토크를 쓰는 비잉노트와 하루를 설계하는 플래너가 같이 있는 이유다.

말하자면 우리 안에는 믿음직한 오너뿐 아니라 '베테랑 프로젝트 매니저'도 필요하다는 뜻이다. 그래야 딥마인드 토크가 실행을 통해 현실에서 결과로 나타나고 현실을 매일 미세하지만 조금씩 바꿀 수 있다. 또 이렇게 바뀐 현실은 다시 딥마인드에게 피드백을 주고 딥마인드를 진화시킨다. 실행은 딥마인드에게 가장 강력한 영향을 미치는 피드백이다. 딥마인드가 준 미션을 실행해내면 그것이 아주 작은 것이더라도 딥마인드에게 커다란 자극과 에너지로 돌아간다.

실행의 결과가 좋으면 자신감과 에너지를 얻을 뿐 아니라 '이것이 맞다'라는 확신을 통해 딥마인드가 크게 성장한다. 결과가 좋지 않을 때조차 딥마인드는 시행착오를 통해 배우고 더 깊어진다. 잇마인드가 시키는 일에는 성공과 실패가 분명하지만 딥마인드가 주는 미션은 성공과 실패가 없다. 그 어떤 결과도 딥마인드를 깨우고 스스로 진화하게 만드는 강력한 피드백이다. 가장 안 좋은 피드백은 '아무것도 하지 않는 것'이다. 딥마인드와 대화만 하고 실행하지 않으면 딥마인드는 엔진을 가동할 에너지도, 진화하는 데 꼭 필요한 데이터도 얻을 수 없다. 성장이 그 자리에서 멈춘다. 당연히 지혜로운 해답도 줄 수 없다. 딥마인드가 가장 원하고 딥마인드를 가장 크게 성장시키는 것은 그 어떤 좋은 책이나 강의가 아니다. 나를 가장 사랑하고 아끼는 마음이 동해서 하는 '행동'이다.

작심삼일은 결코 의지가 약해서가 아니다

—

딥마인드 토크를 통해 나온 결정과 미션은 일단 실행해야 한다. 그 결과가 어떻든 몸으로 부딪쳐봐야 한다. 그런데 잇마인드 미션만으로도 벅찬 우리의 하루에 새로운 딥마인드 미션을 집어넣는다는 게 쉬운 일이 아니다. 먹고사는 일만으로도 이미 너무 바쁜 데다 몸과 마음이 지쳐 있다. 스마트폰, SNS 등 내 시선과 관심을 끄는 자극적인 것들도 주변에 너무 많다. 이 모든 악조건을 뚫고 딥마인드 미션을 하루 안에 배치하고 실행하려면 어떻게 해야 할까? 특히 그것이 운동, 영어, 나의 채소주스처럼 꾸준히 반복해야 하는 루틴이라면? 딥마인드 미션의 상당수는 루틴이다. 주기적으로 반복해야 딥마인드가 자동 진화하며 현실에서 변화를 만들 수 있기 때문이다.

그런데 이런 루틴은 '의지'만으로는 절대 안 된다. 딥마인드가 깨어나고 활성화되어도 마찬가지다. 물론 딥마인드가 잇마인드보다 훨씬 강력한 동기부여를 줄 수 있지만 그래도 부족하다. '이것이 진정 나를 사랑하는 방법'이라는 것을 눈물 흘리며 깨달아도 3일을 못 간다. 이는 의지가 약해서가 아니다.

우리는 대부분 감정이 최고조에 이를 때 '결심'을 한다. 나와 비슷한 외모였던 옆집 여자가 갑자기 다이어트에 성공해서 나타나면 내 안의 열등감이 확 올라온다. 내 옆자리 김과장이 코인에 투자했는데 대박이 나서 차를 바꿨다는 얘기를 들으면 부러움이 확 올라온다. 그럴 때 우리는 다이어트와 재테크 공부를 결심하지만 감정은 유효기간이 원래 짧다. 아무리 강렬했던 감정도 3일이면 몸에서 다 빠져나간다. 감정이 가라앉으면 행동도 멈춘다. 이것이 작심삼일의 과학적 원리다. 우리가 결심하고 실행하지 못했던 진짜 이유는 바로 여기에 있다. 결코 의지와 실행력이 약해서가 아니다. 따라서 우리의 딥마인드 미션이 예전처럼 작심삼일에 그치지 않으려면 반드시 오거나이징의 단계를 거쳐야 한다.

오거나이징이 구체적일수록 행동에 가까워진다
—

그렇다면 bod루틴에서 말하는 오거나이징이란 구체적으로 무엇일까. 첫 번째는 타당성 검토다. 비잉에서 결정한 두잉리스트와 루틴이 내 일상에 들어올 수 있는지 프로젝트 매니저의 관점에서 다시 한번 검토하는 것이다. 그러려면 현재 내 상황에 대한 파악과 루틴에 대한 파악 둘 다 필요하다. 새로운 루틴을 실행하는 데 어느 정도의 시간과 노력, 비용이 드는지 '견적'을 내고 지금의 내 상황에서 과연 해낼 수 있는지 따져봐야 한다. 현재 나의 스케줄과 잔고는 물론 몸과 마음의 상태까지 세심히 살피면서 종합적으로 판단해야 한다. 이를 통해 기존의 루틴을 없애거나 나중으로 미루거나 아니면 그대로 진행할지 신중히 결정해야 한다. 딥마인드 미션이 잇마인드의 투두리스트처럼 나를 부려 먹거나 혹사시켜서는 안 된다.

두 번째는 실행을 돕는 구체적인 계획 수립이다. 우리가 루틴이라 부르는 것은 딥마인드가 만든 두잉리스트 중에서도 매일 혹은 주기적으로 반복하는 일이다. 그런데 내가 원하는 루틴과 오늘 원하는 욕망은 늘 반대 지점에 있다. 공부를 해야 하는데 오늘은 놀고 싶고, 10kg을 빼야 하는데 오늘은 먹고 싶다. 루틴과 오늘의 욕망 사이에 벌어지는 치열한 싸움에서 지지 않으려면 모든 과정을 치밀하게 설계해야 한다.

내가 당근사과주스를 만들기 위해 일종의 컨베이어 시스템을 도입한 것처럼 어려운 문제를 미리 다 쪼개놓아야 한다. 문제를 한 번에 꺾으려고 하면 어렵다. 손가락 하나만으로도 실행할 수 있을 정도로 작게 쪼개 미리 해결해놓아야 한다. 오거나이징은 허술하면 생각에 가깝고 구체적일수록 행동에 가까워진다. 잘된 오거나이징은 이미 실행을 반 이상 해낸 것과 같다.

세 번째는 시행착오를 통한 세부 조율이다. 누구나 처음부터 기획을 완벽하게 하기는 쉽지 않다. 막상 실행하다 보면 반드시 생각하지 못했던 문제점이 발견되기 마련이다. 그 원인을 파악해서 해결하고 수정하는 과정이 반드시 필요하다. 이를 여러 번 반복해야 마침내 루틴이 내 일상에 성공적으로 안착할 수 있다.

나는 요즘 새로운 딥마인드 루틴을 시작할 때 보통 오거나이징에 50퍼센트 이상의 에너지를 사용한다. 비잉에 40퍼센트 정도 쓰고, 정작 두잉에 쓰는 에너지는 10퍼센트 정도에 불과하다. 그 정도로 나는 오거나이징에 상당히 정성을 들인다. 우리는 지금까지 새로운 루틴을 시작할 때 비잉과 오거나이징에 20퍼센트, 나머지 80퍼센트를 두잉에 썼다. 이렇듯 실행에 에너지 전부를 쏟아부으면 부담스럽고 숨이 막혀 해낼 수가 없다. 그럼에도 우리는 억울하게 전부 실행력 탓을 했던 것이다.

이런 과정을 거쳐 루틴 하나를 정착시키면 다른 루틴을 시작해도 별로 겁이 나지 않는다. 이를 루틴화하는 데 어느 정도의 시간과 노력이 들지 견적이 바로 나오기 때문이다. 내가 어디에서 넘어질지, 언제 가장 응원과 칭찬이 필요한지도 알 수 있다. 그래서 오거나이징을 하다 보면 다이어트 문제 하나를 풀었는데 여기서 쌓은 실력으로 취업 문제도 풀고 인간관계도 풀어낸다. 나는 이걸 아는 사람이 진짜 '어른'이라고 생각한다. 나이가 많다고 어른이 아니다. 이걸 할 줄 알아야 어른이다. 15살 아이도 오거나이징만 할 줄 알면 부모가 걱정할 필요가 없다. 그렇게 달라진 나는 나 자신에게 가장 큰 '선한 영향력'을 끼친다. 우리는 선한 영향력을 끼치는 사람들을 인정하고 존경한다. 다른 사람에게까지는 무리더라도 오거나이징을 하면 최소한 나 자신에게 가장 선한 영향력을 끼칠 수 있다.

앞으로 3부에서는 오거나이징 하는 구체적인 방법을 본격적으로 다룰 예정이다. 그 방법은 크게 두 가지다. 내 인생의 큰 그림을 그리는 bod하우스 짓는 법, 그리고 이를 플래너에 반영해 디테일한 하루를 설계하는 법이다. 이 두 가지 오거나이징 방법만 알면 자동 진화하는 딥마인드의 프로세스를 완성할 수 있다.

오거나이징은 허술하면 생각에 가깝고
구체적일수록 행동에 가까워진다.
잘된 오거나이징은
실행을 반 이상 해낸 것과 같다.

bod하우스 짓기 1
: 내가 24시간 살아갈
'인생의 집'을 만들자

40대 중반의 주연님은 중학생 딸 하나를 둔 워킹맘이다. 대학을 졸업하고 지금까지 20여 년간 출산휴가 외에는 쉬어본 적이 없다. 책임감이 워낙 강해 회사에서도 집에서도 언제나 최선을 다하려 애썼다. 매일 새벽 6시에 일어나 가족의 아침 식사를 챙겼고 1시간 일찍 회사에 나와 팀장 업무를 시작했다. 바쁜 일상에도 3년째 영어 공부를 손에서 놓지 않았다. 회사와 집밖에 몰랐던 주연님은 부동산이나 재테크에는 관심이 전혀 없었다. 그러다 어느 날 충격적인 사실을 발견했다. 지금 전세로 살고 있는 아파트 가격이 2년 사이에 2억 원이나 오른 것이다. 그 숫자를 보자마자 갑자기 자괴감이 밀려왔다. 그동안 하루도 쉬지 않고 열심히 살았다고 생각한 자신이 바보 같았다. 지금이라도 집을 사자고 남편에게 말했지만, 그는 너무

올랐다며 반대했다.

그러나 결국 아내의 고집을 꺾지 못하고 부부는 무리해서 아파트를 샀다. 드디어 내 집 마련에 성공했다는 기쁨도 잠시, 아파트 가격은 점점 떨어지고 금리는 계속 올랐다. 맞벌이로 아주 풍족하지는 않아도 부족함 없던 살림살이가 대출금으로 휘청였다. 부부의 사소한 마찰이 말싸움으로 번지는 날이 많아졌다. 그럴 때마다 사춘기 딸은 방에서 나오지 않았다.

그 무렵 주연님이 맡은 해외 영업 업무가 많아지면서 야근과 출장이 훨씬 잦아졌다. 그렇게 2년 정도 지나자 몸에 무리가 오기 시작했다. 목과 허리 디스크가 터졌고 불규칙한 식습관으로 역류성 식도염이 생겼다. 몸무게도 급격히 늘면서 지방간과 당뇨 전 단계 판정을 받았다. 건강에 문제가 생기자 그녀의 마음도 위축되기 시작했다. 나이가 들면서 회사를 떠나는 선배들을 보면 내가 이 회사에 언제까지 다닐 수 있을까 점점 불안해졌다.

"대출금만 생각하면 우울해요. 아이 대학 보내고 결혼까지 시키려면 최소한 앞으로 20년은 더 일해야 하는데 여기저기 몸이 안 좋아지니까 너무 불안해요. 마흔 중반이면 뭔가 안정될 줄 알았는데 매일 닥치는 일을 겨우 쳐내면서 사는 느낌이에요. 이렇게 매일 새벽부터 뛴다고 뭐가 달라질까 싶기도 하고요."

이건 주연님만의 이야기가 아니다. 실제로 bod루틴 프로그램을 찾는 많은 이들의 고민이다. 각자의 상황과 사정은 다르지만, 40대

중반을 전후해 자연스레 지난 인생을 '중간 정산'하는 이들이 많다. 그런데 결과적으로 만족스러워하는 이들은 많지 않다. '나름 열심히 살았는데 이룬 게 없는 것 같다'라고 얘기하는 사람이 대다수다. 왜 그럴까. 주연님의 말에 힌트가 있다. '매일 닥치는 일을 처내면서 사는 느낌'이라는 것이다. 어떤 날은 아파트 시세를 알아보다가, 어떤 날은 남편하고 목소리 높여 싸우다가, 어떤 날은 닫힌 딸의 방문 앞을 서성이다가, 어떤 날은 해외 출장 때문에 정신없다가 건강검진 결과에 좌절한다. 하지만 가까스로 마음을 다잡고 열심히 운동한다. 그러다 다시 야근이 시작되면 운동은 흐지부지되고 회사에서 갑자기 잘리는 선배를 보며 술을 마신다. 이처럼 매일 일어나는 각각의 사건에 감정으로 반응하고 행동으로 열심히 처내면서 산 것이다.

현재와 미래를 보여주는 한 장의 그림이 필요하다

—

그렇게 오늘 벌어진 사건들, 당장 시급한 문제들을 정신없이 처리하다 보면 어떤 기분이 들까. 내가 '조각'나는 것 같다. 내 시간도 조각나고 에너지도 조각나고 마음도 조각나는 것 같다. 이런 자잘한 조각들, 자잘한 노력들을 모아봤자 뭐가 될 것 같지도 않다. 그러다 우울한 감정이 커지면 내가 이뤄놓은 것들이 쓸모없어 보이고 나도 한심해 보인다.

주연님도 그랬다. 하지만 단언컨대 그녀는 잘못 살지 않았다. 책임감 있고 성실하게 자신의 인생을 만들어왔다. 다만 이를 눈으로 확인할 수 있는 '큰 그림'이 없었을 뿐이다. 내가 어떤 인생을 살고 있는지, 지금 내 인생을 위해 어떤 가치와 의미를 만들어가고 있는지를 보여주는 현재의 그림이 없었다. 또 그녀에게는 매일 살고 싶은 하루, 내가 진정 원하는 인생의 방향을 보여주는 미래의 그림도 없었다. 그래서 문제가 생길 때마다 주도권 없이 끌려다닌다는 생각이 든 것이다. 그녀에게 지금 가장 필요한 건 바로 이 모든 것을 통합한 '한 장의 그림'이다.

내 인생 전체를 조율하는 집, bod하우스
—

bod루틴에서는 그 그림을 '집'의 형태로 그린다. 내가 매일 들어가서 사는 인생의 집, 그것이 바로 'bod하우스'다. 우리는 몸이 기거할 집만 필요한 게 아니다. 내 마음인 딥마인드가 매일 들어가 살며 내 인생 전체를 조율하는 '인생의 집'이 따로 있어야 한다. 매일 아침 눈 뜨고 잠들 때까지 내가 일상적으로 해야 할 일, 내가 성취하고 애써야 할 일은 물론 놓쳐서는 안 되는 일상의 소소한 행복까지 모두 담긴 집. 한 마디로 나의 24시간, 나의 365일이 고스란히 담긴 집이다.

우리는 그동안 변화와 성장을 계획할 때 이뤄야 할 성취와 사회적 성공 위주로 그림을 그렸다. 내가 행복하고 건강한지, 가족이 서로 이해하고 화목한지는 지표에 아예 없거나 거드는 수준에 그쳤다. 그래서 대부분 오거나이징은 일과 삶이 분리돼 있다. 즉 그동안 우리는 인생의 집이 아니라 일하는 사무실만 만들고 퇴근과 동시에 나온 것이다. 그러나 bod하우스에서는 일 또한 삶의 일부분이다.

이처럼 내 인생의 전체 그림을 통합해서 보면 삶이 가장 정확하게 보인다. 파편화되어 쓸모없는 것처럼 보였던 조각들, 중요하지만 제대로 인정받지 못했던 노력이 합쳐지면서 내가 그동안 무엇을 잘해왔는지, 내가 그동안 해온 일들이 어떤 의미였는지 선명해진다. 또 내가 지금 어떤 인생의 숙제를 풀고 있으며 이를 위해 어느 정도의 시간과 에너지를 들여야 하는지도 한눈에 보인다.

무엇보다 bod하우스는 딥마인드를 중심으로 내 삶의 모든 영역을 끊임없이 조율하는 데 꼭 필요하다. 이 집의 주인인 딥마인드는 나에게 최적화된 외적 성공과 내적 성취의 균형점을 찾아내 어떤 상황에서도 내가 중심을 잃고 쓰러지지 않도록 도와준다. 더 나아가 외적 성공과 내적 성취를 행복하게 지속할 수 있는 최적의 인생 배치도를 그려준다. 그것이 바로 bod하우스다.

오거나이징에서 가장 먼저 할 일도 나만의 bod하우스를 짓는 것이다. bod하우스는 bod루틴에서 핵심적인 역할을 담당한다. bod루틴을 계속하려면 먼저 bod하우스부터 튼튼하게 지은 다음 이를 매일의 스케줄에 성실하게 반영해야 한다.

내 마음인 딥마인드가 매일 들어가 살며
내 인생 전체를 조율하는
'인생의 집'이 따로 있어야 한다.

한 마디로 나의 24시간
나의 365일이 고스란히 담긴 집.

인생의 가치와 품격은 밸런스에서 나온다

—

bod하우스의 형태는 1개의 지붕과 4개의 기둥으로 되어 있다. 하우스를 구성하는 이 5가지 요소의 내용은 모두 똑같다. 각각의 라이프 섹션과 자기 선언 그리고 구체적인 루틴을 포함한다. 예를 들면 건강, 가족, 커리어, 자기계발, 자기돌봄 같은 삶의 카테고리를 나눈 5개의 라이프 섹션이 있다. 그리고 각각의 섹션마다 명확한 목표나 방향성을 담은 한 줄 자기 선언과 이를 이루기 위해 지속적으로 반복할 1~3개 정도의 루틴을 적는다.

5가지 중 지금 가장 시급하거나 집중해야 할 라이프 섹션을 지붕으로 올린다. 만약 5개의 비중이 비슷하다면 굳이 지붕으로 올리지

bod하우스

이름	자기 선언	루틴 / 루틴 / 루틴
자기 선언 · 루틴 · 루틴 · 루틴	자기 선언 · 루틴 · 루틴 · 루틴	자기 선언 · 루틴 · 루틴 · 루틴	자기 선언 · 루틴 · 루틴 · 루틴

않고 기둥을 5개로 만들어도 좋다. 중요한 사실은 지붕을 위해 나머지 기둥이 존재하는 게 아니라는 점이다. 기둥은 지붕을 서포트하기 위해 있는 게 아니라 그 자체로 중요하며 고유한 가치가 있다. 다시 말해 지붕과 기둥은 각자의 독립된 영역으로 존재해야 한다.

나는 이런 밸런스가 인생에서 진정한 가치와 품격을 만든다고 생각한다. 많은 사람을 만나다 보면 사회적 성공과 인간적 품격이 꼭 정비례하지 않는다는 사실을 발견하곤 한다. 돈은 아주 많은데 마음이 빈곤하고, 크게 성공했는데 인격이 비천한 사람이 있다. 사람들은 한 분야에서 대단한 성과를 내면 인생의 다른 면도 똑같이 대단할 거라고 지레짐작한다. 그러나 경쟁사회에서는 자신의 시간과 관심, 돈, 에너지를 몽땅 한군데에 넣어야 타인과의 격차를 만들 수 있다. 한 분야에서 그 정도로 성공하기 위해 에너지를 가져다 썼다는 것은 곧 다른 면은 돌보지 못했다는 뜻이기도 하다. 너무 열심히 일하느라 가족여행 한번 못 가보고, 아이 입학식이나 졸업식에도 빠졌으며 건강검진은 언제 했는지, 내 몸 어디가 고장 나고 있는지 제대로 모른다.

물론 살다 보면 반드시 외적 성공을 위해 뛰어야 할 시기가 있다. 우리가 성공과 부를 쟁취할 수 있는 시간은 정해져 있고, 그 기회도 아무 때나 오는 것이 아니다. 그런 '때'가 오면 외적 성공을 지붕으로 올리고 열심히 뛰어야 한다. 그러나 그럴 때조차 나머지 기둥들 또한 꼭 필요하다. 조금 허술하더라도 기둥이 있는 집과 뿌리째 뽑힌 집은 완전히 다르다. 기둥이 살아있으면 어떤 상황에서도 최소한의 것은 돌볼 수 있다.

'지금 상황에서는 앞으로 3년간 회사일에 몰입해야 해서 내 시간의 80퍼센트를 써야 할 거야. 대신 다른 건 몰라도 한 달에 한 번 가족과 꼭 식사하고, 애들 졸업식은 놓치지 말고 챙기자.'

이렇게 지붕 외에도 중요한 인생의 기둥이 있다는 것을 인식하고 존재감을 잃지 않으려 애쓰는 태도가 중요하다. 그러다 보면 지붕은 계속 바뀌게 마련이고, 적어도 그때마다 지독한 공허감에 시달리지 않을 수 있다. 지붕이 없어져도 다른 기둥의 그늘에서 쉬어갈 수 있다. 자신이 이룬 외적 성공만 쳐다보며 살면 그것이 사라질 때 허무해지고 마음에 원망과 핑계가 가득 찰 수 있다. 실제로 '너 때문에 다 포기하고 살았다'며 소중한 가족에게 함부로 대하는 이들이 적지 않다. 한마디로 빈곤하고 격이 떨어지는 삶이다. 남에게 핑계 대지 않는 삶, 스스로 원망하지 않는 삶이 진정 품격 있는 인생이다.

우리가 짓는 bod하우스는 각각의 기둥으로 인생의 행복을 단단하게 지켜내도록 설계되어 있다. 매일의 일상에 굳건히 뿌리내린 기둥은 외부의 급격한 변화 속에서도 삶의 근간을 단단히 받쳐준다. 이제부터 그 집을 내 힘으로 직접 지어보자.

bod하우스 짓기 2
: bod하우스를 직접 설계하는 법

이제부터 텅 빈 하우스에 지붕을 올리고 4개의 기둥을 세워야 한다. 인생의 수많은 카테고리 중 어떤 라이프 섹션을 가져오고 어떤 선언과 루틴으로 하나하나 채우면 좋을까. 막상 쓰려고 하면 갑자기 막막함이 밀려올 것이다. 이럴 때 많은 사람들이 하는 실수가 있다. 나만의 bod하우스를 지어야 하는데 또 잇마인드가 좋아하는 집을 짓는 것이다.

'남부럽지 않게 행복하고 풍요롭게 살려면 돈이 좀 있어야 하고 성공도 해야 해. 그러려면 당연히 건강해야 하고 사람들과 인맥도 쌓아야 해. 당연히 가족하고도 잘 지내야겠지. 그럼 이 내용을 다 쓰면 되는 거 아냐?'

그러나 이는 내가 살고 싶은 집, 나를 담을 수 있는 집이 아니라 남들 눈에 좋아 보이는 집을 또 짓는 것이다. 우리는 기본적으로 잇시스템에서 살고 있기 때문에 처음에는 자신도 모르게 잇마인드로 집을 지을 가능성이 매우 크다. 내가 원한다고 생각하지만 사실은 쇼핑하듯 남들의 '잇템'을 가져오는 것이다.

그러면 이전에 했던 투두리스트 쓰기와 다를 바 없다. 또 비교하고 경쟁하고 이기기 위해 가져온 잇템이 집안을 채울 뿐이다. 내 인생이 아닌 도로 남의 인생이다. 이런 집은 결국 살기 불편해 나올 수밖에 없다. 때문에 bod하우스를 만들 때 가장 중요한 것은 잇마인드가 아니라 딥마인드가 이끄는 대로 집을 지어야 한다. 그래야 남들과 비교하지 않고 나에게 최적화된 집, 진짜 나를 위한 인생의 큰 그림을 그릴 수 있다.

내 안의 모든 감정과 생각을 끄집어낸다
—

bod하우스 짓기의 첫 번째 단계는 '자기 인식'이다. 딥마인드가 나에게 최적화된 인생의 집을 짓도록 재료를 공급하는 단계다. 나에 대한 모든 빅데이터를 학습시키는 것이다. 전체 과정에서 가장 오랜 시간이 걸리지만 가장 중요한 단계다. 내가 현재 처한 상황, 불안과 두려움 같은 마음, 잘못된 선택으로 겪고 있는 어려움이나 나의 부족한 점, 내가 그동안 잘해왔던 것, 내가 가치를 두고 중요하게 생각하는 것, 나를 쉽게 만들고 행복하게 만드는 것, 앞으로 살고 싶은 모습, 바꾸고 싶은 모습 등등. 지금의 나에 관한 모든 것을 솔직하게 한 문장씩 써나간다. 여기에는 어떤 형식이나 기준도 없다. 최대한 자유롭고 솔직하게 내 마음속에 있는 모든 생각과 감정을 퍼 올린다는 생각으로 한 줄씩 쓰면 된다. 주연님도 쓰다 보니 거의 100문장 가까이 됐다. 처음에는 마음속에 돌덩이같이 자리하고 있던 걱정과 문제들부터 쏟아져 나왔다.

- 아침마다 피곤하고 허리가 아파서 일어나기 힘들다.
- 아파트 대출금만 생각하면 가슴이 답답하고 걱정된다.
- 남편하고 그만 싸우고 잘 지내고 싶은데 어떻게 해야 할지 막막하다.
- 나는 지금 정상 몸무게에서 8kg 초과한 비만 상태다.
- 지금처럼 운동을 안 하고 음식 관리도 전혀 안 하면 몇 년 안에 당뇨가 올 것이다.
- 역류성 식도염 때문에 밤에 야식 먹는 습관을 끊어야 하는데 아직도 못 끊고 있다.
- 회사를 떠나는 선배들을 보니 나도 언제 갑자기 정리해고 당할지 몰라 불안하다. 그런데 회사를 그만두면 뭘 할지 준비가 전혀 되어 있지 않다.
- 해결해야 할 문제가 너무 많은데 가장 큰 문제는 의욕도 없고

아무것도 하기 싫다는 것이다. 사는 게 우울하고 번아웃이 온 것 같다.

- 그동안 회사와 가족을 위해서만 사느라 나를 너무 돌보지 않고 살았다. 그게 억울하기도 하고 나에게 미안하다.

…… (중략)

한바탕 마음속 근심을 꺼낸 주연님은 자신이 그동안 잘했던 것, 열심히 해왔던 것들도 적기 시작했다.

- 아무리 바빠도 지금까지 가족의 아침밥을 챙겨준 것은 잘했다.
- 아이가 사춘기라 대화가 많이 줄었지만 그래도 중요한 문제는 꼭 나와 상의한다. 아이에게 틈틈이 사랑한다고 말해주고 아이의 말을 들어주려고 노력한 것은 잘한 것 같다.
- 너무 바쁠 땐 못하기도 했지만 그래도 3년째 영어 공부를 꾸준히 해온 것은 대단한 일이다. 덕분에 영어 실력이 늘었고 해외로 출장 갈 때마다 많은 도움을 받고 있다.
- 바쁘긴 했지만 열심히 뛴 덕분에 작년에 연봉이 올랐고 팀원들도 인정하는 리더가 된 점은 자랑스럽다.

…… (중략)

마지막에는 그녀가 앞으로 살고 싶은 모습도 써 내려갔다.

- 정상 몸무게를 되찾고 다시 건강을 회복하고 싶다.
- 번아웃에서 벗어나 정신적으로도 회복하고 예전처럼 활력 있게 살고 싶다.
- 일주일에 3시간은 나를 위해 쓰고 싶다.
- 이전부터 그림에 관심이 많았다. 이제라도 그림을 제대로 배워 보고 싶다.
- 나에게 맞는 운동과 식이요법을 찾아 꾸준한 루틴으로 만들고 싶다.
- 남편과 싸우지 않고 대화하고 싶다.
- 말수가 적어진 사춘기 딸과 예전처럼 자주 대화하고 싶다.
- 다음에는 어설픈 투자를 하지 않도록 부동산 재테크를 공부하고 싶다.
- 퇴직 후에 무엇을 할지 지금부터 준비해서 앞으로 20년간 꾸준히 돈을 벌 수 있는 토대를 마련하고 싶다.

…… (중략)

이렇게 자기 인식의 문장을 충분히 썼다면 일단 첫 번째 단계는 완성이다. 급하게 완성하려 하지 말고 나의 속 깊은 이야기가 충분히 나올 때까지 며칠 동안 천천히 쓰는 것이 좋다.

라이프 섹션을 정하고 자기 선언을 만든다

—

두 번째는 라이프 섹션을 정하는 단계다. 비슷한 카테고리의 문장끼리 한데 모아보는 것이다. 예를 들면 주연님이 쓴 문장 중 '아침마다 피곤하고 허리가 아파서 일어나기 힘들다', '나는 지금 정상 몸무게에서 8kg 초과한 비만 상태다', '나에게 맞는 운동과 식이요법을 찾아 꾸준한 루틴으로 만들고 싶다'는 모두 '건강'이라는 카테고리에 들어간다.

또 '남편하고 그만 싸우고 잘 지내고 싶은데 어떻게 해야 할지 막막하다', '아무리 바빠도 지금까지 가족의 아침밥을 챙겨준 것은 잘했다', '남편과 싸우지 않고 대화하고 싶다'는 '가족' 카테고리로 묶을 수 있다. 이 카테고리들이 그대로 라이프 섹션이 된다. 개인마다 라이프 섹션의 종류와 가짓수는 달라질 수 있지만 최종적으로 5개를 넘지 않는 것이 좋다. 우리의 시간과 체력은 한정돼 있어 선택과 집중을 해야 한다.

세 번째 단계는 각각의 라이프 섹션마다 하나의 '자기 선언'을 만드는 것이다. 한데 모은 자기 인식의 문장들을 보면서 '나는 이렇게 살겠다'라는 방향성을 정하는 단계다. 라이프 섹션은 커다란 카테고리를 구분한 것이기 때문에 구체적인 방향성까지 담을 수는 없다. 그래서 다른 사람과 똑같이 건강과 가족을 라이프 섹션으로 정했다 해도 그 안의 내용은 사람마다 천차만별일 수 있다. 자기 선언이 있어야 구체적으로 내가 어떤 삶을 만들어갈지, 어떻게 변화할지에 대한 목적과 방향성이 명확해진다.

주연님은 각각의 라이프 섹션에 묶인 문장들을 보며 오랫동안 딥마인드와 대화했다. 다양한 문제와 내용이 담긴 문장들을 통합해 하나의 선언으로 뽑아낸다는 것이 생각보다 쉽지 않았다. 문장을 계속보면서 이 중에서 가장 중요한 목표는 무엇인지, 특히 하나를 해결하면 나머지 것들도 자연스럽게 해결될 수 있는 그 한 가지가 무엇인지 찾는 데 집중했다. 한참을 고민한 끝에 주연님은 건강과 가족 섹션의 자기 선언에 이렇게 적었다.

- 나는 건강 회복을 위해 8kg 감량을 목표로 나에게 최적화된 운동과 식이요법 루틴을 만든다.
- 나는 가족과 더욱 적극적으로 소통하고 남편과의 관계를 회복한다.

자기 선언을 쓸 때 기억해야 할 것이 있다. 선언답게 '나는'이라는 주어로 시작해야 한다. 그래야 bod하우스를 볼 때마다 이를 약속하고 이끌어가는 주체가 '나'라는 것이 마음속에 각인된다.

네 번째는 자기 선언을 실행할 구체적인 루틴을 정하는 것이다. 루틴이라고 해서 꼭 매일 반복할 필요는 없다. 일주일에 2~3번, 일주일에 1번 하는 것도 루틴에 포함된다. 처음 루틴을 정할 때는 욕심을 버리는 것이 무엇보다 중요하다. 자기 선언을 처음 하는 사람일수록 섹션마다 루틴을 4~5개씩 정하고 강도 높은 것을 선택하는 경향이 있다. 전체를 다 합치면 내가 소화해야 할 루틴만 20개가 넘는다. 심지어 '매일 헬스클럽 가기', '매일 건강 식단으로 도시락 싸기' 같은 어려운 미션을 겁도 없이 넣는다. 해본 사람은 알겠지만 이런 게 하나만 들어가도 거의 풀타임이다. 나머지 루틴은 하나도 못 하고 이것만 해야 한다. 내 경험상 아무리 많아도 루틴은 섹션별로 3개를 넘지 않는 것이 좋다. 특히 초보자는 1개씩 시도해보면서 늘려가는

	자기 인식	라이프 섹션	자기 선언	루틴
1	아침마다 피곤하고 허리가 아파서 일어나기 힘들다.	건강	나는 건강 회복을 위해 8kg 감량을 목표로 나에게 최적화된 운동과 식이요법 루틴을 만든다.	주 2회 필라테스 수업 가기
2	나는 지금 정상 몸무게에서 8kg 초과한 비만 상태다.			주 3회 건강 식단으로 도시락 싸기
3	나에게 맞는 운동과 식이요법을 찾아 꾸준한 루틴으로 만들고 싶다.			주 3회 퇴근길 30분 걷기
4	남편과 그만 싸우고 잘 지내고 싶은데 어떻게 해야 할지 막막하다.	가족	나는 가족과 더욱 적극적으로 소통하고 남편과의 관계를 회복한다.	매일 남편의 말에 긍정적으로 피드백하기
5	말수가 적어진 사춘기 딸과 예전처럼 자주 대화하고 싶다.			
6	남편과 싸우지 않고 대화하고 싶다.			주 1회 가족에게 카톡으로 감사와 칭찬의 메시지 보내기

것도 좋은 방법이다. 중요한 건 처음부터 욕심을 부려서 나를 숨 막히게 해서는 안 된다는 것이다. bod하우스마저 스스로 실패와 좌절을 세팅해서는 안 된다.

루틴은 측정 가능하도록 구체적으로 쓴다

—

루틴은 측정할 수 있도록 최대한 구체적으로 쓰는 게 좋다. 만약 독서를 루틴으로 정했다면 '일주일에 2번 책 읽기'보다 '일주일에 2번, 1회에 20페이지 이상 읽기'라고 쓰는 식이다. 그래야 실행이 쉬워지고 루틴을 완료했는지 정확하게 판단할 수 있다.

한 문장의 자기 선언을 실현하기 위한 방법은 수백 가지다. '나는 가족과 더욱 적극적으로 소통하고 남편과의 관계를 회복한다'라는 주연님의 자기 선언을 위해 가져올 수 있는 루틴도 다양할 것이다. 이 중에서 무엇이 가장 효과적이면서 매일 할 수 있는 루틴일까. 이를 찾아내려면 나 자신과 진지한 딥마인드 토크를 해야 한다. 특히 그녀처럼 인간관계를 풀려면 더 깊이 들어가야 한다. 섣불리 내가 주고 싶은 것을 주려고 하지 말고 그와 틀어진 시점으로 돌아가 무엇을 놓쳤는지부터 다시 생각해야 한다. 그는 원했지만 내가 하기 싫었던 것을 찾아내는 게 중요하다.

주연님은 딥마인드 토크를 통해 '아파트 영끌 사건' 이후 남편에 대한 자신의 태도가 방어적으로 바뀌었다는 것을 깨달았다. 사실 남편이 그녀를 탓한 적은 별로 없다. 그러나 자격지심이 생긴 주연님은 남편의 사소한 말도 공격적으로 받아칠 때가 많았다. 그때마다 남편은 엄청나게 서운해하면서 말싸움으로 번지곤 했다. 고민 끝에 그녀는 '하루에 1번 이상 남편의 말에 긍정적으로 피드백하기'라는 루틴을 정했다.

남편과 대화할 때마다 의식적으로 '이해한다', '고맙다', '잘했다' 등의 긍정적인 말을 자주 쓰기로 결심했다. 평소 오글거려서 남편에게 애정 표현을 자주 안 했지만 그 행동이 그가 가장 원하는 것이라는 생각이 들었다. 이 루틴을 정하기까지 주연님은 무려 3일 이상 고민했다. 루틴을 정할 때는 이렇게 신중해야 한다. 물론 일단 무엇이든 시작하고 실행해보면서 수정하는 전략도 괜찮다. 특히 생각은 많은데 실행이 약한 사람은 이런 방법이 더 빠를 수 있다.

사실 많은 사람이 비잉보다 두잉에 더 익숙하다. 우리는 그동안 제대로 된 비잉을 거치지 않고 곧바로 감정에서 두잉으로 가는 패턴으로 살아왔다. 그렇게 되면 실행 속도는 빠를지언정 많은 시행착오를 겪을 수밖에 없고 실패할 확률도 높다. 우리가 bod루틴을 하는 이유는 비잉에 더 비중을 두고 인생을 성찰하는 실력을 높이기 위해서다. 안 쓰던 근육을 써야 몸의 밸런스가 잡히듯 bod하우스를 짓는 동안은 딥마인드 토크에 집중하는 것이 좋다. 제대로 된 집을 지으려면 최소 1~2주 정도 몰입하길 권한다.

인생의 선순환을 만드는 bod루틴의 위력

—

마지막 다섯 번째는 지붕과 기둥을 정하고 전체적인 밸런스를 다시 한번 조율하는 단계다. 내가 정한 5가지 라이프 섹션 중 무엇을 지붕으로 올리고 무엇을 기둥으로 넣을지 정하는 것이다. 지붕은 5가지 중에서 지금 당장 시급한 것, 내가 가장 많은 시간과 노력, 비용을 들여야 하는 것을 올린다. 그리고 나머지 4개를 각각의 기둥에 배치한다. 이렇게 bod하우스가 채워지면 다시 한번 전체 그림을 보면서 최종 점검을 해야 한다. 내가 회사에 다니고 아이를 키우면서 잠자고 먹는 시간을 다 빼고 남는 시간에 이 루틴들을 과연 다 할 수 있을지, 이 루틴이 최선인지 고민해본다.

주연님은 지붕에 들어갈 섹션으로 '건강'을 선택했다. 지금의 번아웃 상황에서 벗어나 뭐라도 하려면 일단 건강을 회복하고 체력부터 키우는 게 가장 시급하다고 판단했다. 그래서 일주일에 2회 필라테스 수업에 가고, 일주일에 3회 직접 도시락을 싸는 루틴을 정했다. 처음에는 '주 3회 1시간씩 걷기' 루틴도 있었지만 부담이 너무 큰 것 같아 퇴근길 30분 걷기로 바꿨다. 또 '퇴직 준비' 섹션을 만들어 그녀가 꾸준히 해오던 영어 공부를 그대로 이어서 하기로 했다. 아직 퇴직 후 무엇을 할지 구체적으로 정하진 않았지만, 그녀가 평소 관심 있는 커머스 분야에 영어가 합쳐지면 그녀만의 새로운 일을 만들 수 있겠다는 생각이 들어서다. 이렇게 자신만의 bod하우스가 완성

되자 그녀가 말했다.

"제가 해온 영어 공부가 중요한 기둥에 들어가니 그동안 내가 잘 살았구나 싶더라고요. 사실 그전에는 이걸 한다고 뭐가 달라질까 싶었는데 그게 다 퇴직 준비의 토대였어요. bod하우스를 짓고 나니 그동안 정신없던 인생이 정리되고 막연했던 불안감이 많이 사라진 느낌이에요."

내 마음속 100가지 이야기로 지은 bod하우스는 세상에 하나밖에

건강
나는 건강 회복을 위해 8kg 감량을 목표로 나에게 최적화된 운동과 식이요법 루틴을 만든다.

- 주 2회 필라테스 수업 가기
- 주 3회 건강 식단으로 도시락 싸기
- 주 3회 퇴근길 30분 걷기

김주연

가족	**퇴직 준비**	**재테크**	**힐링**
나는 가족과 더 적극적으로 소통하고 남편과의 관계를 회복한다.	나는 영어를 활용해 퇴직 후에 하고 싶은 일을 준비한다.	나는 계획적인 소비를 하고 재테크에 대한 지식을 쌓는다.	나는 나에게 최적화된 힐링 방법을 찾는다.
• 매일 1회 이상 남편의 말에 긍정적으로 피드백하기 • 주 1회 가족에게 카톡으로 감사와 칭찬의 메시지 보내기	• 주 2회 1시간 1:1 화상 영어 하기	• 카드값 100만 원 이하로 줄이고 매일 플래너에 지출 내역 쓰기 • 매주 1개 이상 재테크 관련 유튜브 영상 보기	• 격주 토요일 오전에 혼자만의 힐링 타임 갖기

없는 유니크한 집이다. 그만큼 애정이 듬뿍 담긴 집이기 때문에 매일 들어가서 지붕과 기둥을 살피게 된다. 또 매일 루틴을 해낼 때마다 내가 행복해지고 건강해지고 이루고 싶은 삶에 가까워진다. 딥마인드가 매일 진화하는 것이다. 그러면 다시 딥마인드가 나에게 통찰력과 치유의 힘을 선물한다. 이것이 바로 인생의 선순환을 만드는 피드백 루프, bod루틴의 힘이다.

성장할수록 리모델링되는 bod하우스

—

bod하우스는 한번 완성했다고 끝나는 것이 아니다. 내 인생이 변화할 때마다 집의 모양도 조금씩 바뀐다. 지붕에 있던 라이프 섹션이 기둥으로 내려가기도 하고, 새로운 기둥이 들어오기도 하고 아예 사라지기도 한다. 특히 딥마인드 토크에 익숙하지 않은 초보자는 여러 번 시행착오를 거치면서 집의 모양이 바뀔 수밖에 없다. 처음에는 나도 모르게 잇마인드가 루틴을 만드는 경우가 많기 때문이다. 이렇게 bod하우스는 비잉과 오거나이징 실력이 성장할 때마다 자연스러운 리모델링을 거치고 점점 나에게 최적화된다.

그래서 bod루틴을 오래 한 이들은 한결같이 말한다. 매일 내 집을 쓸고 닦고 손보느라 남의 집을 들여다볼 시간이 없다고. 남의 집과 내 집을 비교하면서 위축되고 비난하고 자존감 무너질 시간이 없다

고 말이다. 이렇게 좋은 집을 짓지 않을 이유가 있을까. bod하우스
는 억만금을 줘도 못 사는 집, 아무나 가질 수 없는 집, 세상에 오직
당신만이 지을 수 있는 집이다.

플래너를 쓰는 동안
하루가 조금씩 더 완벽해진다

이제 여러분의 눈앞에는 bod하우스가 그려져 있다. 우리는 앞으로 매일 이 집에 들어가 살아야 한다. 그러려면 비잉노트와 bod하우스에 이어 bod루틴의 마지막 세 번째 아이템, 플래너 Planner가 필요하다.

플래너는 하루를 시간대별로 계획할 수 있는 스케줄러라고 이해하면 쉽다. 보통 우리가 가장 흔하게 써왔던 일반적인 다이어리 형태다. 사람들은 매일매일 중요한 스케줄과 투두리스트를 체크하기 위해 플래너를 쓰곤 한다. 특히 연말이 다가오면 습관적으로 다이어리를 사지만 대부분 한두 달 지나면 쓰는 걸 포기하는 이들이 많다. 왜 그럴까. 그동안 우리가 쓰던 플래너에는 일만 들어있고 삶이 들어있지 않았기 때문이다. 플래너가 독한 교관처럼 생산성을 높이라며 매일 투두리스트를 들이대면 부담스러울 수밖에 없다. 싫은 사람을 피하듯 나도 모르게 피하게 된다.

이런 플래너는 열심히 써도 문제다. 비잉이 빠진 플래너는 '투두리스트 노동자 다이어리'에 불과하기 때문이다. 잇마인드가 시키는 투두리스트만 열심히 체크하다 보면 번아웃이 오거나 엉뚱한 곳에 와 있는 자신을 발견한다. 우리가 쓰는 bod플래너는 일을 잘하기 위해, 생산성을 높이기 위해 쓰는 것이 아니다. 일뿐 아니라 삶 전체를 내가 원하는 모습으로 만들기 위해 쓰는 것이다. 조금 더 구체적으로 말하면 bod하우스의 루틴들을 오늘 내 하루에 충실히 반영하기 위해서 쓴다. 딥마인드가 만든 인생의 큰 그림이 오늘 24시간 안에 디테일하게 구현될 때 비로소 오거나이징이 완성된다.

하루는 계획하는 만큼 바뀐다

—

그렇다면 플래너를 어떻게 써야 할까. 먼저 플래너 고르는 방법부터 잠깐 얘기하면 플래너는 주간으로 구성된 것이 좋다. 그래야 노트를 펼쳤을 때 주간 일정이 한눈에 들어오고 앞뒤로 일정을 조율하기 편하다. 또 플래너는 늘 가지고 다니면서 봐야 하는 만큼 부피가 너무 크거나 무겁지 않아야 한다. 그런 면에서 일간은 너무 두껍다. 주간 플래너 정도가 적당하며 작게라도 시간이 적혀 있어야 하루의 일정

비잉이 빠진 플래녀는
'투두리스트 노동자 다이어리'에 불과하다.
투두리스트만 열심히 하다 보면
번아웃이 오거나 엉뚱한 곳에 와 있는
자신을 발견한다.

을 짜기가 수월하다.

플래너가 준비됐다면 이제 본격적으로 하루 일정을 오거나이징 해보자. 첫 번째는 취침 시간과 기상 시간을 정한다. 나는 플래너에 가장 먼저 취침 시간과 기상 시간을 쓰고 옆으로 줄을 긋는다. 7시간의 수면 외에는 아무것도 들어오지 못하도록 미리 막는 것이다. 요즘 나는 밤 11시에 잠에 들고 오전 6시에 일어나려 애쓰고 있다. 일정이 바쁠 때는 약간씩 변동이 있지만 웬만하면 7시간 정도는 꼭 수면을 취한다. 예전에는 체력도 좋았고 하고 싶은 일도 많아 밤잠을 줄이며 일했다. 바빠지면 가장 먼저 줄이는 것이 잠자는 시간이었다. 그러나 수면에 관한 다양한 책을 읽고 의사들을 만나며 생각이 바뀌었다. 7시간의 잠이야말로 내 건강을 지키는 가장 중요한 기둥이라는 사실을 알았기 때문이다.

숙면의 가장 큰 이점은 뇌 속에 쌓인 노폐물 청소다. 낮 동안의 뇌 활동으로 쌓인 찌꺼기는 오직 수면으로만 깨끗하게 청소할 수 있다. 그러려면 최소 7시간 정도의 수면 시간이 필요하다. 그 정도 잠을 자지 않으면 노폐물이 계속 쌓여 나중에 치매의 원인이 된다. 또 자율신경계가 회복하지 못해 예민해지고 집중력이 떨어진다. 이건 어떤 운동이나 영양제 섭취로도 대체할 수 없다. 오직 잠만이 해결할 수 있다. 이렇게 중요한 잠을 우리는 그동안 너무 홀대했다. 잠을 많이 자면 경쟁에서 뒤처진다는 협박을 어릴 때부터 들었기 때문이다. 이제 잘못 주입된 생각을 바꿔보자. 건강을 지키려면 7시간 수면부터 반드시 확보해야 한다. 플래너에 가장 먼저 써야 할 것도 취침 시간과 기상 시간이다.

두 번째는 그날의 중요한 일정을 적는다. 회사일로 이미 약속된 미팅이나 점심 또는 저녁, 보고서 제출, 행사 같은 공적인 일들이다. 시작하는 시간, 소요되는 시간 등을 체크해 플래너에 적는다. 이렇듯 내 의지로 움직이기 어려운 일정을 먼저 확인해야 나머지 시간을 효율적으로 조정할 수 있다.

루틴은 구체적이고 현실적으로 배치해야
—

세 번째는 본격적인 루틴을 배치한다. 매일 아침마다 영양제 먹는 것을 루틴으로 정했다면 플래너에 먹는 시간을 쓰고 습관이 될 때까지 계속 체크한다. 만약 '일주일에 3회 헬스장 가기'를 루틴으로 정했다면 어느 요일에 가고 몇 시에 갈 것인지 구체적으로 시간을 정해 플래너에 적는다. 운동하는 시간뿐 아니라 준비하고 헬스장에 오가는 시간까지 고려해 현실적으로 적는 것이 좋다. 그래야 스케줄이 뒤로 밀리지 않고 시간에 쫓기지 않는다. 가족 간의 관계 회복을 위한 루틴도 플래너에 구체적으로 써야 한다.

마지막 네 번째는 루틴 외에도 챙겨야 할 그날의 특별한 두잉리스트를 적는다. 루틴은 아니지만 비잉을 하다 보면 떠오르는 두잉리스트가 있다. 감사한 사람에게 작은 선물을 챙겨준다든지 미안한 사람에게 사과한다든지, 혹은 피곤에 지친 나를 위해 저녁에 맛집을 예약한다든지 하는 일들 말이다.

오늘의 특별한 두잉리스트까지 모두 적으면 플래너 쓰기는 이제 끝이다. 글로 적어서 내용이 길어졌지만 직접 써보면 그리 오랜 시간이 걸리지 않는다. 플래너 작성 초반에는 새로운 루틴들을 일상에 어떻게 적용할지 기획하느라 시간이 걸릴 수 있다. 그리고 막상 실행 단계에서 시행착오는 당연하며, 생각보다 실행이 아예 안 되는 루틴도 보일 것이다. 그럴 때는 실행력이나 의지를 탓하기 전에 오거나이징에서 부족한 점이 없었는지 다시 꼼꼼하게 살펴야 한다. 루

bod플래너 쓰는 방법

틴의 실행 과정을 미리 시뮬레이션해 보고 무엇을 언제 어떻게 실행할 것인지 구체적인 작업 지시서를 플래너에 써보자. 이런 과정을 통해 루틴이 완전히 자리 잡으면 플래너 쓰는 시간이 확연히 줄어들 것이다.

bod루틴에 활력을 불어넣는 플래너 잘 쓰는 꿀팁
—

본격적인 플래너 쓰기에 앞서 우선 나의 24시간을 분석해보자. 내가 시간을 어떻게 쓰는지 30분 단위로 관찰하고 이를 플래너에 적어본다. 며칠 동안 해보면 내가 '실제로' 얼마나 바쁜지 정확한 데이터로 나온다. 늘 시간이 없다고 생각했는데 막상 기록해보면 버려지는 시간이 많아 놀랄 수 있다. 내가 시간을 쓰는 패턴도 알게 되고 어디에 시간을 가장 많이 허비하는지도 보일 것이다. 먼저 이를 알고 플래너를 쓰면 하루 일정을 계획하는 게 조금 더 수월해진다.

이 외에도 bod플래너를 미리 써본 이들이 알려준 꿀팁을 몇 가지 소개하자면 먼저 '컬러'를 활용하는 방법이 있다. bod하우스의 각 라이프 섹션에 컬러를 부여해 루틴마다 해당 색으로 표기하는 방법이다. 글씨 자체를 색깔 펜으로 구분해서 써도 되고, 글씨는 모두 검은색으로 쓰되 실행 여부를 색깔 펜이나 형광펜으로 칠해도 좋다. 이렇게 하면 나의 주간 플래너에 표시된 색깔만 봐도 bod하우스가 내 일상에서 어떻게 구현되고 있는지 한눈에 들어온다. 혹시 일에 너무 치우쳐 있는 건 아닌지, 건강에 소홀하진 않은지 등을 직관적으로 알 수 있다.

또 데일리 루틴만 리스트로 만들어 요일별로 체크하는 방법도 있다. 플래너의 빈 공간에 따로 데일리 루틴 체크리스트 영역을 만드는 것이다. 세로축에 30분 걷기, 10분 독서, 부모님께 전화하기 등 나의 데일리 루틴을 나열하고, 가로축에 일주일치 체크박스를 만들어 표시한다. 그러면 일주일 동안 내가 하려고 했던 10개의 루틴 중 어떤 루틴을 잘 지키고 어떤 루틴을 못 지키는지 확인할 수 있다. 이 방법은 초반에 데일리 루틴을 습관화하는 데 큰 도움이 된다.

플래너를 예쁘게 꾸미는 것도 bod루틴을 즐겁게 하는 방법이다. 스티커를 종류별로 사서 꾸미는 용도로 붙여도 좋고, 나만의 규칙을 정해서 붙여도 좋다. 예를 들어 요가를 한 날마다 요가가 연상되는 스티커를 붙여 일주일에 몇 번 했는지 한눈에 알아볼 수 있게 하는 식이다. 반면 기획했지만 실행하지 못했을 때 붙이는 스티커를 정하면 내가 실행하지 못한 루틴이 얼마나 되는지도 한눈에 볼 수 있다. 매번 실패하는 루틴에 응원하는 스티커를 붙이면 기분 전환과 함께 새로운 다짐을 하는 데 도움을 받을 수도 있다. 뭐 별 차이가 있겠나 싶겠지만, 예쁜 스티커나 스탬프를 활용해 플래너를 꾸미면 bod루틴의 재미와 즐거움이 훨씬 커진다. 나도 가지고 있는 스티커만 수십 종류가 넘는다. 지금은 스티커 모으는 게 취미일 정도다. 다이어

5

WEEK 20

- ☑ 종합소득세 신고
- ☐ 은행 지출 정리
- ☑ 화분 정리
- ☐ _____
- ☐ _____
- ☐ _____
- ☐ _____
- ☐ _____
- ☐ _____
- ☐ _____
- ☐ _____
- ☐ _____
- ☐ _____

	11 SUN ( )	12 MON ( )	13 TUE ( )
5			
6	기상	기상	기상
7	아침 운동 스트레칭		아침 운동 30분 걷기
8		가족 응원 카톡	
9			
10			배너 제작 시안 2
11		본부회의	
12	점심 파스타	점심 도시락	동생 점심 냉면/커피 (good)
1			
2		거래처 통화	팀회의 잊지 말고 팀원 칭찬
3			
4			
5	부모님께 전화		
6			
7	가족 저녁식사	저녁식사 샐러드	저녁식사 식당 예약
8		필라테스	
9			독서 20페이지 완료
10	bod루틴	bod루틴	bod루틴
11	취침	취침	취침
12			

	S	M	T	W	T	F	S		S	M	T	W	T	F	S
물먹기 1L	✓	✓	✓	✓		✓	✓	한달 적금 입금	✓	✓	✓	✓	✓	✓	✓
걷기 5km 이상	✓		✓		✓		✓	지출 기록하기	✓	✓	✓				
효소 챙겨 먹기		✓	✓	✓	✓	✓									
가족과 포옹하기	✓	✓	✓	✓	✓	✓	✓								
서교성당-기도			✓	✓		✓									
30분 이상 미술				✓		✓	✓								
스케치 유튜브 보기		✓		✓											
가족 반찬 챙겨놓기	✓	✓		✓	✓	✓									

리 꾸미기는 소소하지만 확실한 행복을 보장한다.

내가 운영하는 bod커뮤니티의 회원들은 가끔 서로의 플래너를 공유하는데 각종 스티커와 다양한 색깔 펜으로 정말 예쁘게 꾸민 이들이 많다. 빈 공간을 찾아볼 수 없을 정도로 플래너에 많은 내용이 빽빽하게 채워져 있다. 이런 고수의 플래너를 처음 본 초보자들은 '나는 저렇게 쓸 자신이 없다'라며 주눅 드는 경우가 있다. 그러나 전혀 그럴 필요가 없다. 사람마다 bod하우스의 모습이 전부 다르듯 플래너의 모습도 전부 다른 게 정상이다. 나의 bod하우스가 오늘 하루 안에 충실히 오거나이징 되어 있으면 그것이 최고의 플래너다. 비교하지 말고 주눅 들지 말고 오직 내 하루만 보자.

하루 30분, bod로
데일리 루틴 완성하기

지금까지의 과정을 잘 따라왔다면 당신 앞에는 2개의 노트와 한 장의 그림이 놓여 있을 것이다. 딥마인드 토크를 기록하는 비잉노트, 내 인생의 큰 그림을 그린 bod하우스 그리고 이를 매일 실행하기 위한 플래너. 이 3가지 아이템이 모이면 비로소 bod다이어리가 완성된다.

비잉, 오거나이징, 두잉이 완벽히 하나가 됐을 때 우리는 원하는 삶을 구체적으로 그려내고 이를 완전한 현실로 만들 수 있다. 그것이 바로 하루 30분, bod 데일리 루틴이다.

매일 bod루틴을 하는 데 30분이면 충분하다. 나는 이 시간에 책도 같이 읽기 때문에 보통 1시간 넘게 걸리지만 순수하게 bod루틴만 따지면 30분 정도 걸린다. bod루틴은 일단 비잉노트와 bod하우스, 플래너를 전부 책상 위에 펼치는 것으로 시작한다.

bod루틴의 첫 번째는 '플래너로 어제 리뷰하기'다. 플래너에는 내가 전날 적어놓은 일정과 루틴, 그 밖의 두잉리스트가 적혀 있다. 이를 보면서 어제 하루 계획대로 잘 진행됐는지 살펴본다. 무엇을 해냈고 무엇을 못했는지 체크하는 것이다. 그렇게 하루를 리뷰하다 보면 감칭반 할 것이 나온다. 이 내용을 차분히 비잉노트에 쓴다.

그것이 두 번째, '비잉노트로 감칭반 하기'다. 어제 하루 중에 감사한 일 혹은 좋지 않은 일이었지만 감사로 뒤집어볼 만한 일을 쓴다. 나를 응원하고 격려할 칭찬의 말도 잊지 않는다. 하기로 했지만 못한 일이 있으면 왜 못했는지, 어떻게 하면 실행할 수 있을지도 고

bod루틴 하는 방법

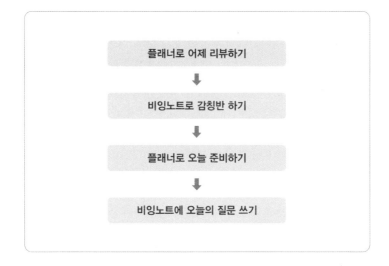

플래너로 어제 리뷰하기

⬇

비잉노트로 감칭반 하기

⬇

플래너로 오늘 준비하기

⬇

비잉노트에 오늘의 질문 쓰기

민해본다. 머리로만 하면 막연했을 생각들이 비잉노트에 쓰다 보면
조금씩 풀리기 시작한다.

비잉, 오거나이징, 두잉을 하나로 연결하라

—

세 번째는 '플래너로 오늘 준비하기'다. 감칭반을 하면서 나왔던 내
용을 반영해 오늘의 계획을 세우는 것이다. 이때 bod하우스도 함께
보면서 내가 정한 지붕과 기둥들이 오늘 안에 잘 배치되어 있는지
확인한다. 일주일 정도를 앞뒤로 훑어보면서 이번 주 안에 나의 bod
하우스가 균형감 있게 잘 들어가 있는지도 확인한다. 이렇게 플래너
에 오늘의 세부 계획을 다 적으면 끝이다.

마지막 네 번째는 '비잉노트에 오늘의 질문 쓰기'다. 이사나 이직
등 중요한 결정을 앞두고 딥마인드 토크가 필요하거나 요즘 고민하
는 인간관계처럼 최근 떠오른 특별한 이슈에 대해 생각하는 시간이
다. 아니면 오랫동안 미뤄두었던 인생의 질문들, 앞으로의 꿈이나
나는 무엇을 할 때 좋아하는지 등을 비잉노트에 하나하나 쓰면서 답
을 찾아봐도 좋다. 오늘의 질문을 감칭반 할 때 같이 해도 되지만, 이
질문은 금방 답이 나오는 게 아니다. 하다 보면 시간에 쫓겨 오늘 하
루 계획을 제대로 세우지 못할 수 있다. 따라서 세 번째 단계까지 끝
낸 뒤 다시 비잉노트로 돌아가 오늘의 질문을 여유 있게 풀어보길

권한다.

나는 요즘 이 단계에 시간을 가장 많이 쓰고 있다. 어떤 질문은 1~2주 정도의 시간이 걸리기도 한다. 살다 보면 쉽지 않은 인생 질문이 훅 들어올 때가 있다. 그럴 때는 조급하게 답을 내지 말고 여유 있는 주말 시간을 활용해 딥마인드 토크에 집중하는 것이 좋다. 책을 좋아하고 시간적 여유가 있다면 bod루틴 시간에 책을 읽고 여기에서 생기는 질문들을 내 것으로 가져와도 좋다. 책은 언제나 딥마인드를 일깨우는 가장 좋은 학습 데이터이자 영감의 원천이다.

나와 함께 6개월 이상 bod루틴을 함께한 주부는 인터뷰 때 이런 말을 한 적이 있다.

"저는 집에서 성경을 읽으며 묵상을 자주 하는데 '남편은 나에게 정말 고마운 사람이야, 남편한테 잘하자'라고 생각하면서 눈물을 흘릴 때가 많았어요. 그런데 눈물로만 끝나지 실천으로 이어지지 않더라고요. bod루틴은 비잉을 한 다음 바로 오거나이징으로 이어지는 게 가장 큰 장점이에요. 묵상을 끝낸 다음 플래너에 '오늘 남편 3번 칭찬하기', '점심에 뭘 먹었는지 물어보기' 같은 작은 두잉리스트를 적고 매일 실천하니까 남편과의 관계가 엄청 돈독해지더라고요."

한 인간의 변화와 성장은 한 가지 힘만으로는 이루어지지 않는다. 인생을 변화시키려면 성찰하고 깨닫는 힘이 반드시 필요하지만, 그것만으로 완성되지 않는다. 어떻게 이뤄낼 것인지 방법을 기획하는 베테랑 프로젝트 매니저의 능력이 있어야 하고 이를 끝까지 해내는

딥마인드 자동 진화 프로세스

실행력이 받쳐줘야 한다. 비잉과 오거나이징, 두잉이 통합적으로 움직여야 비로소 딥마인드 미션이 최종 실행되고 딥마인드의 자동 진화 프로세스가 완성된다. 그 실체가 바로 내 눈앞에 펼쳐진 3가지 아이템, 즉 bod루틴 다이어리다.

나만의 특별한 성공 레시피를 향하여

—

지금까지 우리는 수많은 자기계발 콘텐츠를 만났다. 성공한 사업가나 유명인의 마인드셋을 들으며 동기부여를 받기도 했을 것이다. 그들은 잇마인드의 베테랑으로 운동법, 건강 관리법, 인간관계, 대화법, 재테크 등은 물론 실행을 도와주는 습관, 시간 관리, 다이어리 정리법까지 친절하게 다 알려줬다.

그러나 이들의 성공 공식은 그들에게 최적화된 레시피다. 이런 성공 방법이 있다고 참고할 수는 있지만 막상 따라 하기는 어렵다. 각자의 몸이 다르고 살아온 환경과 타고난 기질, 재능, 성품이 너무 다르다. 따라서 아무리 감동적인 성공 스토리를 들어도 우리는 마지막에 늘 다시 물을 수밖에 없다.

'정말 대단한 삶이었네요. 그런데 저는 어떻게 하죠?'

나는 책의 주인공처럼 찢어지게 가난한 집안에서 태어난 것도 아니고 기질적으로 도전과 모험을 좋아하는 사람도 아니다. 그는 자녀가 셋이나 있어 그토록 열심히 살았지만 나는 결혼도 안 했고 굳이 부자 아빠가 되고 싶지도 않다. 그와 나는 처한 상황이나 자란 환경 등 모든 것이 달라 그의 레시피를 나한테 어떻게 적용해야 할지 모르겠다.

그래서 자기계발서를 읽을수록 자괴감에 빠지는 이들이 꽤 많다. 열악한 상황에서도 결국 해내는 사람들을 보며 용기를 얻을 수도 있지만 반대로 몇 년째 제자리걸음인 자신이 작고 초라하게 느껴질 수 있다. 이미 우리 사회에 성공 레시피는 차고 넘친다. 지금 우리에게 가장 필요한 것은 성공한 이들의 경험담이 아니다. 각자에게 최적화된 변화와 성공의 경험을 스스로 만들 수 있는 '딥마인드 자동 진화시스템'이다.

bod루틴은 수중에 돈이 있든 없든, 나이가 많든 적든, 성격이 내향적이든 외향적이든, 지금 어떤 상황이든 상관없이 바로 시작할 수 있다. 종잣돈 1,000만 원을 모을 때까지 기다릴 필요도 없고 지금 우울증에 시달리고 있어도 상관없다. 원래 여유를 느끼고 마음이 추슬러지는 데까지 가는 게 세상에서 가장 힘들다. 진짜 자기계발은 그 어떤 힘들고 어려운 처지라도 그 자리에서 바로 시작할 수 있어야 한다. 각자 원하는 변화를 스스로 만들어나갈 수 있어야 한다.

실제로 bod루틴을 함께한 이들이 만들어낸 변화는 매우 다양했다. 남편, 자녀 등 가족과의 관계 개선을 이뤄낸 주부도 있고, 우울증이나 알코올 중독 같은 자신의 문제를 해결한 이도 있다. 다이어트에 성공해 건강을 되찾은 이도 있다. 원하던 꿈을 발견하고 이를 향해 도전을 시작한 이들도 적지 않다. 그리고 셀 수 없이 많은 이들이 삶의 여유와 행복을 찾았다고 말한다. 그들은 똑같이 비잉노트를 쓰고 bod하우스를 짓고 플래너에 루틴을 적었지만 그 안의 내용은 전부 달랐다. 남들의 성공 레시피를 가져온 것이 아니라 각자에게 맞는 성공 레시피를 처음부터 끝까지 스스로 만들어냈기 때문이다. 때문에 나는 bod루틴이야말로 진정한 자기계발이라고 생각한다. 지난 30년간 자기계발 강사로 살아오면서 늘 불편하고 아쉬웠던 부분을 마침내 해결한 것이다.

우리는 오랫동안 '성능 좋은 잇마인드 인간'이 되는 것을 자기계발이라고 착각했다. 그러나 그것은 잇시스템이 추구하는 자기계발이지, 나를 위한 자기계발이 아니다. 진정한 자기계발은 잇마인드를 주도적으로 컨트롤할 만큼 내 안의 딥마인드를 깨우고 진화시키는 것이다. 딥마인드가 성장하면 우리는 얼마든지 우리 자신만의 성공 레시피를 만들 수 있다.

펜, 노트 그리고 30분이라는 시간
—

자기계발을 하려면 '1만 시간의 법칙'처럼 오랜 시간을 투자해야 한다고 많은 이들이 생각한다. 하지만 bod루틴은 시간과 비용이 많이 들지 않는다. 필요한 것이라고는 오직 펜과 노트뿐이다. 시간도 하루 30분이면 충분하다. 30분으로 이런 기적 같은 변화를 만들 수 있다는 게 정말 놀랍지 않은가. 똑같은 30분이라도 누적된 30분은 시간의 함량이 다르다. bod루틴을 시작하는 첫날의 30분은 누구나 허술하지만, 1년간 누적된 30분은 본인도 상상하지 못한 엄청난 변화를 만들어낸다.

그리고 모든 변화는 나 자신의 행복을 놓치지 않는다. 이 점이 가장 중요하다. 딥마인드를 중심으로 만들어나가는 모든 변화는 나를 돌보고 아끼고 사랑한다는 것이 전제에 깔려 있다. 그래서 bod루틴은 나를 결코 '성공한 실패자'로 만들지 않는다. 사회적으로는 성공

했지만 인생 전체로 보면 기둥이 다 무너진 실패자로 살게 두지 않는다. 내 안의 딥마인드가 잘못된 길을 가고 있으면 바로잡아주고 잇마인드가 시키는 불필요한 욕심을 걷어낸다. 비교와 우월감에서 벗어나 성찰과 자존감으로 살게 한다. 그럼으로써 진정 내가 원했던 행복한 성취에 집중할 수 있게 해준다. 밤하늘의 별에 등수가 없듯 누구나 각자의 자리에서 아름답게 빛나고 행복할 수 있도록 도와주는 것, 그것이 바로 bod루틴이다.

bod루틴은 나를 결코
'성공한 실패자'로 만들지 않는다.
비교와 우월감에서 벗어나
성찰과 자존감으로 살게 한다.

내 안의 두 개의 목소리가
헷갈린다면

bod루틴을 하다 보면 피해 갈 수 없는 질문이 있다.

"이 일이 딥마인드가 시키는 일인지 잇마인드가 시키는 일인지 헷갈릴 때 어떻게 구분할 수 있을까요?"

살다 보면 좋아 보이는 일, 하고 싶은 일, 하면 도움이 될 것 같은 일들이 계속 생긴다. 그럴 때마다 두 개의 목소리를 잘 구별해야 하는데 이게 쉽지 않다. 내가 할지 말지 고민할 정도라면 저마다 나름의 이유가 있다. 생각할수록 나에게 도움이 될 것 같고, 하면 너무 좋을 것 같고, 놓치면 매우 아까울 것 같은 기회일 것이다.

얼마 전, 나에게도 그런 기회가 왔다. 미국의 유명한 인플루언서가 2주 뒤에 한국에 오는데 주최 측에서 나에게 그와 영어로 인터뷰를 해달라는 요청이었다. 예전 같았으면 아마 바로 한다고 했을 것이다. 그는 누구나 만나고 싶어 하는 유명 인사이고, 그와 인맥을 쌓으면 미국에서 강의하거나 책을 낼 때 많은 도움이 될 것이 분명했다. 그와의 영어 인터뷰를 내 유튜브 채널에 올리는 것도 평판에 도움이 되고 그와의 인터뷰를 준비하는 동안 나의 영어 실력도 분명 늘 것이다. 장점만 따져 보면 안 할 이유가 없었다. 그러나 나는 그 자리에서 결정하지 않고 bod루틴 시간까지 기다렸다. 이틀 정도 bod루틴을 하며 한참을 고민한 끝에 결국 하지 않기로 했다.

기준이 없으면 잇마인드에 휘둘린다

—

그 결정의 기준은 나의 bod하우스였다. bod하우스를 아무리 들여다봐도 영어 인터뷰 준비가 낄 자리가 전혀 없었다. 만약 준비할 시간이 2달 정도 있었다면 가능했을지도 모른다. 어차피 영어 공부는 bod하우스의 기둥 중 하나이고, 2달 동안만 영어 루틴을 바꾸면 되니까. 그러나 나에게 주어진 시간은 고작 2주밖에 없었다. 그 얘기는 앞으로 2주 동안 강의하는 시간을 제외한 모든 시간을 수험생처럼 계속 이 일에만 매달려야 한다는 뜻이다. 내가 bod하우스의 지붕으로 써놓은 대학원 수업과 과제도 못 하고 중요한 아침 루틴인 운동도 못 하고 주말에 계획했던 가족 모임도 다 포기해야 한다. bod하우스를 보니 내가 이 일을 위해 무엇을 포기해야 하는지 너무 명확했다.

'과연 이 인터뷰가 그 정도의 가치가 있을까?'

'나의 bod하우스를 2주 동안이나 문 닫게 할 정도로 인터뷰가

내 인생에서 중요한가?'

여러 번 물어봤지만 대답은 '아니'었다. 나에게 영어 인터뷰는 '놓치면 아까운 기회' 딱 그 정도였다. 예전에는 그런 일도 무조건 했다. 버리기 아까워서 욕심껏 했고, 뒤처질까 불안해서 열심히 했다. 그러나 내가 그렇게 바쁘게 살았던 가장 큰 이유는 '기준'이 없어서였다. 영어 인터뷰처럼 하면 좋은 것은 세상에 너무 많다. 그런데 예전에는 무엇을 어디까지 허용할 것인가, 이것을 하려면 내가 무엇을 포기해야 하는가가 명확히 보이지 않았다. 그러다 보니 제대로 견적도 내지 않고 덜컥 했다가 뒷감당하느라 고생한 적이 한두 번이 아니었다. 그래도 뭔가 남았다면 괜찮았을 텐데 결과적으로 그 정도의 시간과 에너지를 쏟을 만한 일이 아니었던 적이 더 많았다. 막연한 기대로 시작한 일은 언제나 막연한 결과로 끝났다. 그런데 지금은 bod하우스라는 눈에 보이는 기준이 있다. 그래서 아닌 것 같은 일을 포기해도 훨씬 덜 아깝다. 만약 예전처럼 좋아 보여서 덜컥 붙잡았다면 그것은 잇마인드가 시킨 일이 됐을 것이다.

이처럼 뭔가 새로운 일을 할지 말지 고민할 때, 이것이 잇마인드의 생각인지 딥마인드의 생각인지 헷갈릴 때 bod하우스를 기준으로 판단하면 쉽다. 이 일이 들어왔을 때 bod하우스의 밸런스가 무너

지지 않을지, 내 bod하우스가 휴업 상태가 되지 않을지 자세히 살펴봐야 한다. 만약 그렇다면 그것은 잇마인드의 생각일 가능성이 크다. bod하우스의 균형을 무너뜨릴 정도의 커다란 일일수록 그 정도의 가치가 있는 일인지 신중히 따져봐야 한다.

답이 금방 나오지 않을 때는 bod루틴을 하면서 몇 주 동안 진지하게 고민해도 괜찮다. 집주인이 세입자를 심사하듯 bod하우스에 들일 수 있는지 까다롭게 심사해야 한다. 고민 끝에 아니다 싶으면 과감하게 쳐내도 좋다. bod하우스가 이미 튼튼하게 지어져 있으면 그것만 충실히 하기에도 우리 인생은 짧다. 꼭 새로운 뭔가를 더 하지 않는다고 해서 성장과 자기계발이 멈추는 게 아니다.

잇마인드가 시키는 일은 실패하면 남는 게 없다

—

몇 달 전, bod커뮤니티에서 강의를 하는데 이런 질문이 나왔다.

"잇마인드가 아닌 딥마인드가 시키는 일을 하면 다 잘 되나요?"

물론 그럴 리 없다. 딥마인드가 제안한 일을 한다고 해서 세상의 모든 일이 다 성공하는 것은 아니다. 성공이라는 것은 나뿐만 아니라 세상의 많은 것과 복잡하게 얽혀 있기 때문이다. 다만 딥마인드가 시키는 일을 하면 실패조차 가치 있는 피드백이 된다. 반성을 통해 무엇이 부족했는지 리뷰하며 소중한 경험과 통찰을 얻을 수 있기

내가 그렇게 바쁘게 살았던 가장 큰 이유는
'기준'이 없어서였다.

막연한 기대로 시작한 일은
언제나 막연한 결과로 끝난다.

때문이다. 그러나 잇마인드가 시키는 일을 실패하면 남는 게 없다. 나는 그걸 후배 A를 보며 알게 됐다.

몇 년 전 만난 초보 강사 A는 기특할 만큼 열심히 사는 친구다. 강사로 성공하고 싶다는 열정으로 자신의 이름을 알리기 위한 일이라면 무엇이든 마다하지 않았다. 한 번은 그 친구가 찾아와 말했다.

"주변에 강사들 얘기 들어보니까 기업 강사로 성공하려면 역시 CEO들과 인맥이 있어야겠더라고요. 그래서 이번에 큰마음 먹고 CEO 과정에 등록했어요."

초보 강사가 프로로 성장하기 위해서는 인맥도 무시할 수 없어 나는 A가 왜 비싼 비용을 내고 CEO 과정에 등록했는지 충분히 이해됐다. 그런데 한참 뒤 A가 CEO 과정의 원우회 사무총장까지 맡았다는 소식이 들렸다. 나는 슬슬 A가 걱정되기 시작했다. 나도 CEO 과정을 운영해봐서 원우회 사무총장의 일이 얼마나 많은지 너무 잘 알기 때문이다. 실제로 얼마 후 A에게서 전화가 왔다.

"사무총장이 되니까 원우들한테 시도 때도 없이 전화가 오고 모임에 나가느라 너무 바빠요. 다들 대단하신 분들이라 까다롭고 말도 어찌나 많은지… 저 이번에 원우들 데리고 유럽 여행까지 다녀온다니까요. 사무총장이라 안 갈 수도 없고·빚까지 지면서 가는 거예요. 그래도 저 고생한다고 몇몇 대표님이 강의를 연결해 주시더라고요."

A가 애쓴 만큼 강의가 새로 들어오고 있으니 다행이다 싶었다. 그런데 반년 정도 지나서 A에게 전화가 왔다. A는 여전히 힘겹게 강의

를 구하러 다닌다며 나에게도 기업 강의를 연결해달라고 부탁했다.

"원우들 소개로 몇 번 강의를 나갔는데 그게 끝이었어요. 부탁해도 더는 연결을 안 해주더라고요. 제가 그렇게 비위 맞춰주고 부탁도 다 들어줬는데 결국 호구 노릇을 했던 거죠. 요새는 거의 연락도 안 해요. 생각해 보니까 제가 석박사 학위가 없어서 대표들이 저를 무시하는 것 같더라고요. 그래서 이번에는 대학원에 등록하려고요."

딥마인드의 실패는 소중한 자산이 된다

—

A에게 대놓고 말은 못 했지만 나는 속으로 안타까웠다. 대표들이 A에게 강의를 연결해 주지 않은 데는 그럴 만한 이유가 있었다. 강의 평가가 좋지 않기 때문이다. A는 본격적으로 강의를 시작한 지 이제 5년 정도밖에 되지 않았다. 한창 공부하고 자신만의 강의 콘텐츠를 개발하는 데 집중해야 할 때였다. 그러나 A는 그걸 어려워했고 시간이 지나도 발전이 없었다. 결국 A는 콘텐츠보다 타고난 사회성과 친화력으로 자신의 이름을 알리고 유명해지는 데 집중했다. 그러나 강의로 먹고사는 강사가 강의 실력이 없다는 건 치명적이다. 원우들 입장에서도 친분으로 한두 번은 연결해 줘도 평가가 안 좋은 강사를 주변에 소개할 수는 없는 노릇이다. 그런데 A는 이를 전혀 인정하지 않았다. '강의 실력이 부족했으니 본질에 집중하자'라는 생각은커녕

'학벌이 부족해서 무시당했으니 대학원에 가자'로 결론을 냈다. 앞뒤가 맞지 않는 결론이었다.

이것이 잇마인드가 시키는 일을 하다 실패했을 때의 전형적인 모습이다. 처음에 A가 CEO 과정을 등록한 것도 잇마인드가 시킨 일이나. 프로를 흉내 내며 사다리를 타고 빨리 올라가고 싶은 욕심이 CEO 과정이라는 잇을 가져온 것이다. A의 잇마인드는 더 많이 더 빨리 갖고 싶은 욕심에 사무총장이라는 명함까지 가져왔고 그녀의 일상은 정신없이 돌아가기 시작했다. 내가 왜 바쁜지도 모른 채, 내가 왜 유럽에 가야 하는지도 모른 채 들어오는 일을 쳐내기 바빴다. 그러나 결국 그녀가 기대했던 목적은 이루지 못했다. 원우들 사이에서 강의 평가가 안 좋다는 입소문만 퍼졌고 대표들과의 관계도 소원해졌다. 가장 안타까운 것은 이렇게 큰 대가를 치렀음에도 배운 것이 없다는 사실이다. A는 강사라는 직업의 본질이 무엇인가를 성찰하는 대신 대학원이라는 또 다른 잇을 선택했다.

물론 어떤 사람에게는 CEO 과정이 딥마인드 토크의 결론일 수 있다. A와 똑같은 이유를 대며 강사로 성장하기 위해 인맥을 쌓아야 한다는 결론을 내고 CEO 과정에 등록할 수도 있다. 그러나 평소 딥마인드 토크를 했다면 그는 반드시 자신이 실패한 이유를 찾아냈을 것이다. 본질로 돌아가 강의 실력을 쌓는 데 집중했을 것이고 시행착오를 통해 더욱 단단해졌을 것이다. 최소한 A처럼 강의를 따내기 위해 사무총장 역할까지 하지는 않았을 것이다. 그의 딥마인드가 실력 없는 명함은 욕심이자 허상이라는 것을 진작 알아챌 테니까.

지난 40년 동안 성공한 사람, 실패한 사람 등 수많은 사람들을 만나본 내 경험상 어느 정도 성찰이란 걸 할 줄 아는 사람은 상대가 잇마인더Itminder인지 딥마인더Deepminder인지 조금만 지내보면 알아차린다. 잇마인더들은 미끼를 주는 대로 문다. 조급하고 순간적으로 결정을 내린다. 자신 안에 딥마인드가 없으니 따로 생각할 시간도 필요치 않다. 그걸 상대가 모를 리 없다. 딱 사기당하기 좋은 사람들이다.

반면 딥마인더들은 함부로 하지 않는다. 무엇을 결정하든 물어볼 사람, 즉 자신 안에 딥마인드가 있기 때문이다. 신기하게도 그게 사람을 보면 보인다. 딥마인드로 결정한다고 해서 실패가 없다는 의미는 아니다. 당연히 실패할 수 있다. 대신 딥마인드의 미션을 실행하는 사람들은 자신의 실패를 저장하는 '실패 창고'가 있다. 그 창고에는 내가 왜 실패했는지 성찰하고 깨달은 내용이 저장되어 있다. 그래서 비슷한 일에 도전할 때 언제든지 이전의 경험을 꺼내 성공을 완성한다. 그러나 잇마인드가 시키는 일을 하면 실패를 해도 저장할 곳이 없다. 처음부터 자신과 대화하고 나서 한 일이 아니기 때문에 과정에서 깨달은 것이 있을 리 없다. 스스로 알지도, 깨닫지도 못한 일이니 이것이 자신 안에서 꺼내 쓸 자산이 될 리 없다. 그래서 실패를 해도 잇마인드가 아니라 딥마인드가 실패하도록 해야 한다. 잇마인드의 실패는 버리고 싶은 후회이자 원망이지만 딥마인드의 실패는 고스란히 소중한 자산이 된다.

4부

딥마인드의
성장 가속화 버튼을 눌러라

I am

.

.

.

Deepminder

bod루틴에 몰입할
시간과 공간을 확보하라

막내가 독립하기 전, 나는 매일 아침 6시 반에 일어났다. 세수를 하고 약간의 스트레칭을 한 다음 무조건 주방으로 간다. 주방 한가운데 큰 식탁이 있는데 언제나 깨끗이 치워져 있고 옆에는 예쁜 조명이 있다. 그 식탁을 볼 때마다 마음이 안정되고 기분이 좋아진다. 내가 좋아하는 잔에 커피를 타서 조용히 식탁 앞에 앉는다. 그리고 오늘 나와 bod루틴을 함께할 만년필을 고르고 다이어리에 붙일 스티커 세트도 옆에 가지런히 놓는다. 이로써 오늘의 bod루틴 준비는 끝이다.

아침에 특별한 스케줄이 없는 날은 매일 1시간 정도 bod루틴을 한다. 그사이 막내도 일어나 다이어리를 들고 식탁으로 온다. 마치 스타벅스에 온 것처럼 우리는 마주 앉아 차를 마시며 다이어리에 딥마인드 토크를 쓰고 책도 읽으며 아침을 여유롭게 보낸다.

나는 회사에 집무실이 있어 집에 따로 나만의 공간이 없다. 아이가 셋이나 되기 때문에 예전부터 내 서재를 갖는 건 언감생심 꿈도 못 꿨다. 베란다나 옷방에 작은 책상을 가져다 놓고 그곳에서 미래를 꿈꾸곤 했다. 지금은 아이들이 독립해 공간적 여유가 생겼지만 막내가 집에 있을 때까지는 여전히 식탁이면 충분했다. 막내와 마주 보고 앉아 함께 bod루틴을 할 수 있는 유일한 공간이었기 때문이다. 간간이 막내와 대화를 나눌 때도 있지만 우리는 대부분 조용히 각자의 bod루틴에 집중했다. 막내까지 독립한 지금, 나는 종종 그 시간이 그립다.

방해받지 않는 나만의 공간이 필요하다

—

bod는 처음부터 끝까지 나와의 진지한 대화다. 나와의 대화 역시 타인과의 대화 못지않게 일대일로 스스로에게 집중하고 경청해야 한다. 그러려면 환경적인 세팅도 중요하다. 최소 30분에서 1시간 정도 집중해서 대화할 수 있는 시간과 공간이 있어야 한다. 특히 루틴에 익숙하지 않은 초보자일수록 외부 환경에 쉽게 영향을 받기 때문에 시간과 공간에 더 신경 써야 한다.

잠시 가족과 분리돼 나 혼자 있을 수 있는 조용한 방이 있으면 베

스트다. 그러나 어린 자녀가 있으면 현실적으로 어렵다. 아이들은 아무리 어려도 각자의 공부방이 있지만 엄마 아빠는 작은 책상 하나도 없는 경우가 허다하다. 누워서 휴대폰을 보기 딱 좋은 소파나 침대가 전부다. 허리 펴고 앉아서 책을 읽거나 뭔가를 쓸 수 있는 공간은 집안에 식탁밖에 없다.

그래서 나는 예전부터 엄마들에게 집안에 '나만의 책상'을 두라고 여러 차례 강조해왔다. 집은 아이들만 크는 곳이 아니라 어른도 크는 곳이어야 한다. 안방 침대 옆이든, 식탁 옆의 작은 공간이든 내가 성장할 수 있는 나만의 공간이 있어야 한다.

책상이 생기면 많은 것이 달라진다. 처음에는 책상 하나지만 bod루틴을 하다 보면 필요한 도구들이 점점 채워지기 시작한다. 두 권의 노트에 붙일 포스트잇과 스티커, 내 생각을 그려낼 여러 가지 종류의 펜들이 생기고, 내 생각에 확신을 줄 수 있는 여러 책과 강의를 볼 수 있는 노트북 등이 들어온다. 그렇게 나만의 작은 책상은 나를 만들어가고 변화시키는 최고의 공간이 될 수 있다. 물론 bod루틴에 능숙해지면 나중에는 커피숍이든 지하철이든 금세 집중할 수 있게 된다. 그러나 이제 막 시작한 초보자는 안정적으로 bod루틴을 할 수 있는 공간을 마련하는 것이 좋다.

그러나 그런 공간의 유무보다 더 중요한 건 '방해받지 않는 것'이다. 아무리 나만의 방이 있고 책상이 있어도 옆에서 아이와 남편이 말을 걸면 아무 소용이 없다. 온 가족이 함께 쓰는 집에서 나만의 공간을 만들려면 결국 시간을 조율하는 방법밖에 없다. 밤 9시부터 10시까지는 엄마가 혼자 공부하는 시간이니 찾지 말라고 가족에게 미리 얘기해두는 식이다. 혹은 가족들이 잠든 밤이나 새벽 시간을 활용하는 방법도 있다. 나와 bod루틴을 함께하는 많은 워킹맘들이 택한 방법이기도 하다. 나도 아이를 키워봤지만 어린아이를 키우는 엄마들은 bod루틴 하는 시간을 내기가 쉽지 않다. 하루 종일 일하고 집에 오면 아이와 남편의 말을 들어주느라 정작 내 말을 들어줄 시간이 없다.

남편을 설득해 확보한 '나를 위한 1시간'

—

4살 아이를 키우는 30대 워킹맘 혜주님도 그랬다. 새벽 6시에 일어나 회사에 갔다 와서 잠들 때까지 아이를 돌보느라 나를 위한 시간이 전혀 없었다. 그러다 어느새 자신도 모르게 남편과 아이에게 툭하면 화를 내는 자신을 발견했다.

"bod루틴을 하면서 가족에게 짜증을 내는 이유에 대해 깊게 생각해봤어요. 그랬더니 내가 회사에서 돈도 벌고 집에서 아이를 돌보며 헌신하는데 하루에 단 1시간도 내 시간을 못 갖는다는 게 너무 분하고 억울했던 거였어요. 그래서 어떻게든 하루에 bod루틴을 할 수 있는 1시간을 확보하기로 결심했죠."

혜주님은 기상 시간을 1시간 앞당겨 새벽 5시에 일어나기로 마음먹었다. 그러려면 남편의 협조가 꼭 필요했다. 워커홀릭인 남편은 밤 9시를 넘겨 집에 오는 경우가 많았는데 그때마다 잠들었던 아이가 깨서 밤 11시가 넘도록 보채곤 했다. 그런 날은 혜주님 역시 5시간도 못 자고 피곤한 채로 출근할 수밖에 없었다. 새벽 5시에 일어나려면 이런 생활 패턴을 반드시 바꿔야 했다. 굳게 결심한 그녀는 어느 날, 남편에게 단호하게 선언했다.

"앞으로 내가 워킹맘으로서 가정과 일에 충실해지려면 나 혼자만의 시간이 꼭 필요해. 그래서 내일부터 매일 새벽 5시에 일어나 1시간 동안 내 시간을 가질 거야. 그러려면 당신이 9시 이전에 들어오든가 아니면 아이가 잠든 후 그러니까 11시 넘어서 들어와 줬으면 좋겠어."

그러자 초반에는 밤 11시까지 밖에서 떠돌던 남편이 본인도 힘들었는지 9시 이전에 들어오기 시작했다. 덕분에 혜주님도 안정적으로 새벽 5시에 일어나 매일 bod루틴을 할 수 있었다. 몇 달이 지난 요즘은 가족에게 화를 내는 횟수가 부쩍 줄었다.

"예전에는 아이한테 명령조로 말하곤 했어요. 그런데 얼마 전 30개월짜리 아이가 '엄마가 예쁘게 말해서 좋아'라고 하는 거예요. 아이의 말을 듣고 제가 정말 많이 변했다는 걸 느꼈어요."

bod루틴을 하기 위한 시간과 공간을 확보하는 것은 가족의 도움과 이해가 꼭 필요하다. 그런 면에서 자신이 원하는 것이 무엇인지 정확히 인지하고 이를 남편에게 이해시킨 혜주님이 참으로 지혜롭다는 생각이 들었다.

미라클 모닝이 안 되면 미라클 나이트로

—

일하면서 어린아이를 키우는 부모들은 나를 위한 1시간을 빼는 것이 정말 쉽지 않다. 혜주님처럼 새벽에 일어나는 게 가능한 사람도 있지만 물리적으로 힘든 사람이 훨씬 더 많다. 그렇다면 매일 bod루틴을 못 하는 현실에 스트레스를 받지 말고 주말에 몰아서 해보자. 일주일에 한 번만 제대로 해도 효과는 분명히 나타난다.

bod루틴을 반드시 새벽에 해야 한다는 생각도 고정관념이다. 미라클 모닝이 안 되면 미라클 나이트를 하면 된다. 중요한 건 언제 하느냐가 아니라 내가 꾸준히 bod에 집중할 수 있는 하루 30분을 찾아내는 것이다. 나는 주로 아침 시간을 활용하지만 하루를 마무리하면서 밤에 bod루틴을 하는 사람도 많다. 주부들은 아이를 학교에 보낸 뒤 오전 11시에 집중하는 경우가 많다.

처음 bod루틴을 시작해 내 일상의 루틴으로 만들 때까지 수많은 장애물이 존재한다. 초반에는 bod루틴을 할 만한 시간도 공간도 마땅치 않고 가족도 설득해야 한다. 포기해야 할 이유가 매일 하나씩 생길 것이다. 그때마다 bod루틴을 왜 해야 하는지 나와 진지하게 대화하고 오거나이징으로 시간과 공간을 계속 조율해나가야 한다. 포기하지 않는다면 '그럼에도 불구하고' 나에게 최적화된 bod루틴의 시공간을 반드시 찾아낼 수 있다.

bod는 나와의 진지한 대화다.
일대일로 스스로에게 집중하고 경청하려면
최소 30분에서 1시간 정도
대화할 수 있는 시간과 공간이 필요하다.

딥마인드를 응원하는
든든한 지원군을 만들어라

내가 bod루틴을 할 때마다 다이어리와 함께 꼭 챙기는 게 하나 있다. 바로 '책'이다. 이번 주에 읽을 책을 미리 정하고 bod루틴 시간마다 그 책을 읽는다. 나는 비잉과 오거나이징은 30분에서 1시간 안에 끝내고, 책을 1시간 넘게 읽을 때가 많다. 지금 읽는 책은 한 달째 보고 있다. 책을 읽으면서 영감을 주는 구절을 발견할 때마다 비잉노트에 옮겨 적고 그걸 주제로 딥마인드 토크를 한다. 책은 딥마인드를 깨우고 활성화하는 데 아주 좋은 학습 데이터다. 특히 딥마인드의 대가들이 쓴 책을 읽으면 내 안의 딥마인드를 키우는 데 좋은 자극이 된다.

bod루틴을 처음 시작하는 초보자들은 비잉이 어렵다는 말을 자주 한다. 나의 하루를 재료로 감청반을 하는 게 생각보다 어렵다고 호소한다. 그도 그럴 것이 내 인생의 사건 속으로 더 깊이 들어가 이면을 통찰하고 반성하는 일은 쉽지 않다. 딥마인드 토크가 제자리에서 빙빙 돌 수 있다.

그럴 때 책이 큰 도움이 된다. 세상에는 딥마인드 토크를 '직업적으로' 해온 전문가가 수두룩하다. 평생 사람의 마음과 삶을 연구해온 수많은 철학자, 신학자, 심리학자, 종교인, 예술가들이 있고 그들이 쓴 책만 해도 셀 수 없이 많다. 그 책을 읽어 보면 지금 내가 하고 있는 고민을 그들도 다 해봤고 그에 대한 지혜로운 해답들이 이미 나와 있다. 그들의 해답지를 들춰보는 것만으로도 답이 보이지 않던 내 문제를 새로운 관점에서 볼 수 있다. 평생 같은 방식으로만 문제를 풀던 잇마인드 엔진으로 다른 해답을 내놓기란 여간 어려운 일이 아니다. 아웃풋이 바뀌려면 인풋부터 달라져야 한다.

자동 공부 시스템만 있다면

—

비잉을 할 때는 나의 딥마인드 토크를 도와줄 스승 같은 책을 옆에 두는 게 좋다. 특히 내가 지금 고민하는 문제와 관련된 책을 읽으면 엄청난 시너지가 생긴다. 인간관계가 풀리지 않을 때 삶의 자세와 관련된 책을 읽으며 딥마인드 토크를 하면 훨씬 더 깊은 성찰을 할 수 있고, 내 마음이 불안할 때 심리 전문가의 책을 읽으면 나 자신도 몰랐던 진짜 문제를 발견하고 새로운 해결책을 찾을 수 있다. 나와 연결된 책들은 bod루틴의 든든한 지원군으로 내 고민을 함께 풀어주고 포기했던 문제를 해결해주며 몰랐던 인생의 기쁨을 상기시켜준다. 우리는 이러한 공부를 통해 내 인생의 변화를 이끄는 딥마인드를 성장시킬 수 있다.

사실 bod루틴 자체도 시간과 에너지를 쏟아야 하는데 공부까지 병행하는 건 쉽지 않다. 바쁜 일상을 살다 보면 필요한 걸 알면서도 자꾸 놓친다. 가장 좋은 해결책은 '새로운 지적 자극이 자동 공급되는 시스템'을 활용하는 것이다. 나는 올해 초 신학대학원에 입학해 공부를 억지로 할 수밖에 없는 시스템 안으로 들어갔다. 오랜만에 다시 대학원 신입생이 되어 책을 읽고 공부도 하고 과제를 하다 보니 인식의 지평이 한꺼번에 열리는 느낌이다. 한 번도 접해보지 않은 신학을 공부하면서 인간의 본성과 삶의 목적을 탐구한 위대한 스승들을 만났고, 그들이 던진 철학적인 질문에 매일 답하고 있다. 인풋의 퀄리티가 다르니 아웃풋의 퀄리티 역시 확실히 달라졌다. 덕분에 bod루틴의 단단한 철학적 토대가 만들어졌고 내 강의 콘텐츠도 훨씬 깊어졌다.

대학원에서 기대 이상의 많은 것을 얻으며 내가 새삼 느낀 것이 있다. 우리가 학교를 졸업하고 어른이 되면서 놓친 매우 중요한 것이 바로 '자동 공부 시스템'이라는 사실이다. 학창 시절에는 학교에서 알아서 우리를 체계적이고 지속적으로 공부하게 만들었지만, 어아웃풋이 바뀌려면 인풋부터 달라져야 한다.

딥마인드 대가들이 쓴
책 속의 해답지를 들춰보는 것만으로도
내 문제를 새로운 관점에서 볼 수 있다.

른이 되면 그 시스템이 멈춰버린다. 동시에 우리의 지적 성장도 멈춘다. 생계를 위해 바쁘게 뛰다 보면 공부는 늘 뒷전이 되고 만다. 어쩌다 마음먹고 공부를 시작하려고 해도 어디서부터 어떻게 시작해야 할지, 어떤 책을 읽어야 할지 막막하다. 그럴 때 자동으로 알아서 나에게 새로운 지적 자극과 영감을 줄 수 있는 학교 같은 시스템이 있다면 어른들도 지속적으로 성장할 수 있지 않을까.

주변에 숨어있는 딥마인드 멘토를 찾아라
—

그런 고민을 하며 나는 bod루틴 프로그램에 더 많은 애정과 노력을 쏟게 됐다. 학생들이 부담 없이 참여할 수 있도록 일주일에 한 번 새벽에 진행하던 온라인 강의를 저녁으로 옮겼고, 각 분야의 전문가들과 좋은 책을 쓴 저자들을 격주로 모셔 강의를 진행했다. 내가 고른다면 절대 읽지 않을 책, 내 의지로는 평생 못 만날 선생님들을 만나새로운 자극을 받을 수 있는 시스템을 만든 것이다.

그중 가장 심혈을 기울인 건 학생들이 bod루틴을 더 잘 이해하고 실행할 수 있게 돕는 내 강의다. 우리는 평생 살면서 bod루틴이라는 프로세스를 경험한 적이 거의 없다. 지금까지와는 완전히 다른 성장의 판에서 커야 하기 때문에 배우고 익혀야 할 것이 한두 가지가 아니다. 그러다 보니 bod루틴에 대한 아주 기초적인 질문부터 bod루틴을 하면서 만나게 되는 다양한 고민에 대해 대답해줄 수 있는 '딥마인드 멘토'가 필요하다. 그 역할을 내 강의가 하고 있다. 벌써 bod 루틴에 관한 수십 개의 강의를 만들었고 지금도 매달 새로운 강의를 업데이트하고 있다.

우리는 가끔 주변에서 딥마인드가 난난하게 중심을 잡고 있는 사람을 만날 때가 있다. 흔치 않지만 우리 주변에도 이런 딥마인드 멘토들이 있다. 종교인이나 철학자는 아니지만 자신만의 중심과 기준으로 인생을 만들어가고 있는 사람들이다. 이들은 주변 사람들의 말이나 잇마인드의 유혹에 함부로 흔들리지 않는다. 잔잔하지만 바위 같은 자신만의 중심이 있다. 또 주변 사람에게 따뜻한 치유의 에너지를 나눠주고 통찰력 있는 조언을 해준다. 이런 사람들과의 대화는 항상 딥마인드를 깨우는 영감과 에너지를 준다. 주변에 운 좋게 딥마인드 멘토를 발견했다면 자주 깊은 대화를 나눠보길 바란다.

커뮤니티의 응원 시스템을 활용하라

—

bod루틴을 끈기 있게 하려면 흔들리고 지칠 때마다 내가 옳다고 응원해주는 시스템이 필요하다. 가장 좋은 응원 시스템은 '커뮤니티'다. 좋은 공동체에는 불행을 극복하는 힘이 있다. 좋은 사람들과 함께 있으면 그들이 가진 마음의 힘을 빌려 쓸 수 있기 때문이다. '팬찮다, 잘하고 있다, 응원한다' 이런 마음을 서로에게 빌려주고 빌려온다. 그러다 보면 큰 불행도 작게 느껴지고 이를 딛고 다시 일어나는 회복탄력성도 커진다.

현재 내가 운영하는 bod루틴 커뮤니티에는 3,000여 명의 학생들이 함께하고 있다. 모두 자신의 인생을 바꾸고 싶은 마음으로 찾아온 이들이라 기본적으로 에너지가 좋다. 나는 이들과 함께 매주 bod루틴으로 변화에 성공한 사람들의 이야기나 다이어리 잘 쓰는 사람들의 사례를 공유하며 서로에게 동기를 부여하고 진심으로 응원하고 있다. 20대부터 60대까지 참여하고 있는 bod커뮤니티에서는 좋은 일뿐만 아니라 힘들거나 슬픈 일이 있을 때도 위로와 응원을 아끼지 않는다. 한번은 bod루틴 수업이 끝난 후 목회자인 친언니에게서 전화가 왔다.

"미경아! 어쩌면 여기는 잘난 척하는 사람, 시샘하는 사람이 한 명도 없니? 늘 감칭반을 해서 그런가, 다른 사람을 진심으로 응원할 줄 아네. 그동안 수많은 커뮤니티에 가봤지만 계속 참여하고 싶은 곳은 여기가 처음이야."

딥마인드 토크를 하며 통찰력을 얻고 치유를 경험한 사람들은 자신과 타인을 대하는 자세 자체가 남다르다. 생각해보면 짧게는 6개월, 길게는 1년 넘게 같은 철학과 목표를 가지고 애쓰는 사람들을 만나는 게 결코 쉬운 일은 아니다. 좋은 커뮤니티에서 함께하고 있다는 것 자체가 마음에 안정감과 자부심을 준다. 특히 우월감과 경쟁으로 가득 찬 현대사회에서 잇마인드에 휘둘리지 않고 딥마인드로 중심을 잘 잡은 사람들이 모인 좋은 커뮤니티를 만나는 것 자체가 엄청난 행운이다.

이런 커뮤니티의 응원 시스템을 경험한 학생들 중에는 자신만의 작은 커뮤니티를 따로 만드는 이들도 많다. 마음이 맞는 3~4명이 모여 매일 혹은 일주일에 한 번씩 bod루틴을 함께하고 돌아가면서 자신의 경험과 딥마인드 토크를 들려준다. 이런 작은 커뮤니티는 bod루틴 초반에 습관을 만들 때 큰 도움이 된다. 함께 정한 약속을 지켜야 하기 때문에 게으름이나 미루는 습관으로 bod루틴을 포기하는 일이 현저히 줄어든다. 여력이 된다면 나만의 작은 bod커뮤니티를 만들어 서로 응원하고 격려하는 시스템을 만들어도 좋다.

bod루틴을 통해 지속적으로 성장하려면 누구나 든든한 지원군이 필요하다. 좋은 책과 멘토, 커뮤니티와 항상 연결돼 있어야 한다. 그 관계적 연결이 무척 중요하다. 작고 건강한 연결들이 모일 때 나의 아이엠도 확장하기 시작한다. 내 인생을 끌어갈 철학과 지식이 충분한 사람, 나뿐만 아니라 남을 돕고 가르쳐줄 수 있는 사람, 그 수많은 연결 자체가 바로 '나 자신'이 되는 것이다.

실행이 멈추면
첫 번째 질문으로 돌아가라

bod루틴 프로그램을 운영하다 보면 많은 학생들의 질문을 받는다. 다이어리를 직접 써보는 과정에서 다양한 궁금증과 어려움이 생길 수 있다. 이 때문에 담당 직원들이 미리 신청을 받아 일대일 전화 상담과 코칭을 하고 있다. 그중 가장 많은 고민은 무엇일까.

"저도 bod루틴을 정말 열심히 하고 싶죠. 지금처럼 시간에 쫓기지 않고 저만의 시간을 너무 갖고 싶거든요. 그런데 애들 챙기느라 바빠서 다이어리를 사놓고도 쓸 시간이 없어요."

"지금 시간에 쫓기고 있다면 더더욱 bod루틴을 시작해야 하지 않을까요?"

"저도 알죠. 마음으로는 정말 하고 싶어요. 그런데 시간이 안 난다니까요? 비잉을 하려면 생각할 시간이 있어야 하는데 저는 그럴 여유가 없어요. 안 해봐서 어렵기도 하고요. 그냥 플래니 질 쓰는 꿀팁만 좀 알려주실래요? 그거라도 알면 좀 나아지겠죠."

이렇게 말하는 이들은 아직 bod루틴까지 가보지도 못했다. 일단 다이어리를 사놓고 내 강의를 몇 번 들었는데 바빠서 못 한다고 하소연한다. 또 딥마인드 토그나 비잉은 너무 어렵고 시간이 오래 걸리니 다이어리 쓰는 구체적인 노하우라도 알려달라고 말한다. 그걸 통해 일상이 조금이라도 바뀌길 기대하면서. 바쁜 상황에서도 bod 루틴을 시도해보려는 노력에는 박수를 보낸다. 그러나 안타깝게도 이분들은 bod루틴과 딥마인드를 아직 이해하지 못하고 있다.

어떤 스킬과 노하우도 뛰어넘는 육체의 게으름

—

사람은 기본적으로 누구나 자기를 사랑하는 마음이 있다. 그래서 내가 어떻게 살면 좋을지, 무엇을 하면 좋을지 잘 찾아내고 그것으로 새로운 루틴을 만들 수 있다. 그러나 아무리 괜찮은 목표를 설정해도 문제는 내 몸이 안 움직인다는 데 있다. 많은 사람들이 변화에 실패하는 이유도 목표 설정이 아니라 실행 때문이다. 그만큼 게으름은 언제나 우리의 상상을 뛰어넘는 초강력 파워다.

그래서일까. 우리는 부족한 실행력을 메꾸기 위해 수많은 것을 아웃소싱한다. 영어, 다이어트, 외모, 건강 등 인간이 열망하는 모든 것은 대부분 '아웃소싱 공산품화'가 되어 있다. 이들의 세일즈 포인트는 똑같다.

'저희에게는 오랫동안 축적된 전문성과 노하우가 있고, 여러분이 신뢰할 수 있는 정확한 프로세스가 있습니다. 저희가 제시하는 대로 따라만 오시면 큰 노력을 들이지 않고 매우 쉽고 빠르게 원하시는 결과를 얻을 수 있습니다.'

그리고 실제 우리는 그것을 몇 번의 클릭으로 손쉽게 구매한다. 그 결과는 어떨까. 우리는 이미 답을 알고 있다. 대부분 실패한다. 다이어트 식품은 몇 번 먹어봤는데 광고만큼 살이 안 빠지는 것 같아 손을 놓는다. 영어 공부 앱으로 하루 10분쯤이야 충분히 공부할 수 있다고 자신했는데 결국 하지 않는다. 유튜브는 2시간도 보는데 영어 공부는 10분도 귀찮다. 아무리 인간의 실행력을 돕는 정교한 프로세스와 최첨단 기술이 있어도 몸이 움직이지 않으면 아무 소용이 없다는 얘기다. 우리 안에는 그 어떤 스킬과 노하우도 뛰어넘는 어마어마한 육체의 게으름이 도사리고 있다.

앞에서 상담했던 아이 엄마의 사례도 마찬가지다. 시간에 쫓기는 삶에서 벗어나 주도적으로 자신의 인생을 바꾸려면 플래너 기록 꿀팁에 의존해선 안 된다. 왜 나는 계속 시간에 쫓기는지, 왜 그것을 바꾸고 싶은지부터 스스로에게 물어봐야 한다. 매일 감청반을 하면서 나를 돌아보고, 거기에서 나온 미션을 실행하면서 수많은 시행착오를 거쳐야 자신이 원하는 답을 구할 수 있다.

당연히 이는 클릭 몇 번으로 손쉽게 할 수 있는 일이 아니다. 매뉴얼을 보고 무작정 따라 할 수도 없다. 세상에 하나뿐인 오리지널 핸드메이드 제품을 만드는 것처럼 손이 많이 가고 시간도 충분히 써야 한다. 이미 쉽고 빠른 아웃소싱 공산품에 익숙해진 이들에겐 결코 쉽지 않다. 먹기만 하면 살을 빼주는 나이어드 식품처럼 인생도 '간편하게' 바뀌길 원한다면 bod루틴은 그 답이 아니다.

얄팍한 노력을 리셋하는 마법의 질문

—

그런데 여기서 한 가지 생각해봐야 할 것이 있다. 살다 보면 누구나 핸드메이드로 이뤄낸 무언가가 있다. 어떤 악조건에도 불구하고, 큰 대가를 감수하더라도 변화에 성공한 것이 반드시 있다. 미친 듯이 몰입해서 10kg 감량에 성공한 사람도 있고, 몸이 아파도 열심히 재활해 건강을 되찾은 사람도 있다. 초인적인 인내심으로 20년 만에 담배를 끊은 사람은 물론 악바리같이 아껴서 1억 모으기에 성공한 사람도 있다. 누구나 하나쯤은 엄청난 실행력으로 스스로를 놀라게 했던 경험이 있다.

사실 원하는 무언가를 이룰 때 그것이 크건 작건 거쳐야 할 과정과 쓰는 힘은 크게 다르지 않다. 다이어트나 1억 원 모으기나 내용만 다를 뿐 목표를 정하고 성과가 날 때까지 실행하는 것은 결국 같은 힘을 쓰는 것이다. 그런데 왜 어떤 것은 성공하고 어떤 것은 실패할까. 왜 1억 원 모으기에 성공한 대단한 사람이 다이어트는 매번 실패할까.

이유는 간단하다. 살을 빼는 데는 1억 원 모으기 정도의 대가를 치르고 싶지 않은 것이다. 1억 원 모으기를 할 때는 300만 원을 투자했는데 다이어트는 10만 원에 끝내고 싶다. 1억 원 모으기에는 1년이라는 시간을 썼지만 다이어트는 한 달 이상은 못 할 것 같다. 이 얘기는 무슨 뜻일까. 그에게 살 빼기는 그 정도의 가치라는 의미다. 그 이상의 대가를 치르고 싶지 않다는 것은 애초에 다이어트는 그가 정말 원한 목표가 아닐 수 있다. 이 사실을 스스로 알아차리는 게 정말 중요하다.

우리의 머리는 종종 번역의 오류를 일으킨다. 날씬한 사람을 보고 단순히 부럽다고 생각한 감정을 '나도 살을 빼고 싶다'라는 뜻으로 잘못 알아듣는다. 부러워서 혹은 뒤처질까 봐 두려워서 가짜 소망을 가져오고 그게 자신이 원하는 것이라고 스스로를 속인다. 노력과 대가 없이 결과를 얻고 싶은 얄팍한 잇마인드는 언제나 간편한 공산품을 찾는다. 큰 노력을 들이지 않고 손쉽게 '이루는 척'할 수 있는 방법만 끊임없이 찾는다. 그렇게 딥마인드가 빠진 공허한 노력은 공산품 몇 개를 거쳐 늘 실패로 돌아간다. 나중에는 '이만하면 돈값 한거지. 안 한 것보다 나은 거 아냐?'라며 정신 승리로 버티기도 한다. 실행 단계에서 계속 실패할 때는 더 이상 나를 속이지 말고 인정해야 한다. 아웃소싱 공산품으로 실행하는 척하는 것도 멈추고 딥마인드에게 다시 물어야 한다.

'이게 진짜 내가 원하는 게 맞아? 정말 당장 바꿔야 할 중요한 문제가 확실해?'

그래야 우리는 비로소 이 문제를 정직하게 풀 수 있다. 늘 바쁘고 시간에 쫓겨서 bod루틴을 못하는 사람들도 마찬가지다. 내가 bod루틴을 통해 무엇을 변화시키고 싶은지부터 다시 고민해야 한다.

직접 겪는 것보다 설득력이 센 건 없다
—

두 번째로 많은 고민은 오거나이징이다. 가장 흔한 문제가 '견적'을 내는 데 자꾸 실패한다는 것이다. 루틴에 걸리는 시간을 예측하지 못해 실행에 문제가 생기는 경우다. 플래너에 하루를 꼼꼼하게 기획했는데 한두 가지가 예상 시간 내에 끝나지 않을 경우 뒤의 스케줄까지 줄줄이 문제가 생긴다. 그런 일이 반복되면 자연히 실행의 동력이 떨어질 수밖에 없다.

그러나 반드시 알아야 할 사실이 있다. 처음부터 오거나이징 실력이 좋은 사람은 없다. 실행할 때마다 내가 어떤 패턴을 보이는지에 대한 데이터가 오랫동안 누적돼야 오거나이징을 제대로 할 수 있다. 게다가 새로운 루틴을 시도할 때마다 몰랐던 나의 새로운 모습을 발견하기도 한다. 이런 다양한 이유로 루틴을 나의 하루에 안착화할 때까지는 누구나 시행착오를 겪을 수밖에 없다.

최근 아침 운동을 시작한 나는 나에 대한 놀라운 사실(?)을 한 가지 알아냈다. 운동을 가기 위해 준비하는 데만 최소 30분이 걸린다는 사실이다. 머리로 시뮬레이션했을 때는 당연히 일어나자마자 10분 안에 나갈 수 있을 거라 생각했다. 그런데 막상 해보니 늘 20분씩 늦었고 허둥지둥 대다 준비물을 하나씩 빠뜨리곤 했다. 안 되겠다 싶어 하루는 bod루틴을 하면서 내가 운동 갈 때 챙기는 물품과 가기 전에 하는 일을 노트에 전부 적었다.

센터 입장키, 운동할 때 쓰는 머리띠, 땀 닦는 수건, 운동화, 비타민 탄 물병, 운동기구 닦을 소독 티슈, 운동 끝나고 먹을 공진단, 이어폰, 휴대폰, 돌아올 때 햇볕을 가려줄 모자와 선글라스, 운동 끝나고 카페에서 읽을 책과 펜 케이스, 스티커, bod다이어리….

막상 써보니 십여 개가 넘었다. 운동가기 전에 하는 일도 따져보니 만만치 않았다.

• 일어나자마자 체중계에 올라가서 몸무게를 잰다.

- 세수하고 양치한다.
- 장에 좋은 효소와 혈압약을 챙겨 먹는다.
- 남편이 먹을 아침 식사를 준비해놓는다.
- 운동복으로 갈아입는다.
- 본격적으로 준비물을 챙긴다.
- 나가기 직전에 기초 화장품과 선크림, 틴트를 바른다.

세어보니 해야 할 일만 7개가 넘는다. 그러니 이게 어떻게 10분만에 끝날 수 있을까. 20분도 모자라는 게 너무나 당연했다. 거기다 나는 원래 어렸을 때부터 꼼꼼하게 챙기는 걸 잘하지 못하는 편이다. 늘 덤벙대다가 한두 개씩 꼭 빠뜨린다. 실제로 운동 초반에는 센터 입장키를 안 가져가서 되돌아온 적도 여러 번 있었다. 수건을 빠뜨린 적도 한두 번이 아니었다. 준비물을 꼼꼼히 챙기려면 생각보다 많은 시간이 필요했다. 여유 있는 운동을 즐기기 위해 나는 반드시 최소 30분은 필요한 사람이었다.

그것이 2주간 나의 행동을 면밀히 관찰하고 분석해 얻은 결론이다. 그 결과 지금은 플래너에 늘 준비 시간을 30분으로 잡아놓는다. 요령도 늘어서 준비물을 넣다 뺐다 하지 않도록 운동을 위한 물품 가방을 따로 챙겨두고 신발장에 최종 체크리스트를 붙여놓았다. 그랬더니 운동 전 30분 루틴이 완전히 정착됐다.

오거나이징으로 실행의 90퍼센트를 완성하라

—

예전 같으면 오거나이징의 문제라고 미처 생각하지 못하고 단순히 게으르다고 착각해 포기했을지도 모른다. 자신에 대해 제대로 알지 못하는 사람일수록 무엇이 진짜 문제인지 파악조차 하지 못한다. 그래서 새로운 두잉을 시도할 때마다 위축되고 몇 번 하다 안 되면 '그럴 줄 알았다'며 빠르게 포기한다. 그러나 우리가 두잉이 안 돼서 못한다고 생각하는 많은 문제가 사실은 허술한 오거나이징 때문인 경우가 정말 많다. 나의 상황과 개인적 특성에 맞게 오거나이징을 하지 않았기 때문에 실행으로 이어지지 않는 것이다.

앞서 말한 것처럼 루틴은 오거나이징으로 90퍼센트까지 완성해야 두잉이 나머지 10퍼센트를 채울 수 있다. 그렇지 않으면 누구나 시행착오를 겪는 일종의 테스트 구간을 거칠 수밖에 없다. 그 기간에는 삐그덕대는 상황이나 나를 탓할 게 아니라 오히려 무엇이 문제인지 면밀히 관찰하면서 세부 계획을 다시 조율해야 한다. 그러면 나도 모르는 새 '두잉을 잘하는 체질'로 바뀐다.

한바탕 시행착오를 겪은 후 안착한 아침 루틴은 나에게 기대 이상의 큰 행복을 안겨준다. 새벽 6시에 일어나 가족이 먹을 음식을 준비하고 1시간 20분 동안 여유롭게 운동을 한 다음 센터 옆에 있는 카페에 간다. 커피 한 잔을 시켜놓고 bod루틴을 한 다음 책을 펼쳐서 한 챕터 정도 집중해서 읽으면 아침 10시다. 그 4시간 안에 내가 중요하게 여기는 모든 것이 압축적으로 들어있다. 요즘 가장 신경 쓰는 건강부터 가족, bod, 독서가 모두 들어가 있다. 이렇게 오전 시간을 보내고 나면 내 인생의 기초가 뿌리부터 탄탄하게 채워지는 느낌이다. 이후 출근해서 회사일을 하고 강의를 진행하지만 사실 앞의 4시간만으로 이미 하루가 충만하다.

독자 여러분도 두잉에 계속 실패한다면 오거나이징부터 다시 꼼꼼히 살펴보길 바란다. 의외로 거기에 내가 찾던 답이 숨어있을 가능성이 높다. 좋은 실행을 만들려면 반드시 좋은 기획이 필요하다.

bod루틴을 잘하고 있다는
세 가지 증거

"진짜 아팠던 사람 맞아요? 얼굴이 너무 밝고 좋아졌네!"

몇 달 만에 만난 영선님이 나를 보며 환하게 웃었다. 올해 초 나는 bod워크숍에서 그녀를 처음 만났다. 내 얼굴을 보자마자 펑펑 울어서 안아줬던 기억이 선명하다. 알고 보니 영선님은 유방암이 재발해 3기 진단을 받고 항암치료 중이었다. 치료 15일 만에 머리가 다 빠진 그녀는 욕실 바닥에 주저앉아 오열했다고 했다.

초등학생 두 아이의 엄마인 영선님은 평소 활달하고 에너지 넘치는 사람이었다. 아프기 직전까지 공부방을 운영하며 쉼 없이 일했다. 그런데 갑작스러운 암 투병으로 인해 몸도 마음도 병들어가기 시작했다.

"몸이 너무 아프니까 저도 모르게 자꾸 원망할 대상을 찾게 되더라고요. 남편이 돈을 좀 더 벌었으면 내가 이렇게 바쁘게 살지 않았을 텐데, 애들이 조금만 더 컸으면 나 자신을 좀 더 돌보며 살았을 텐데…. 그렇게 제 마음이 원망으로 가득 차니까 가장 먼저 아이들이 무너지더라고요. 학교에서 무슨 일 있냐고 전화가 올 정도로 활기차던 아이들이 눈에 띄게 우울해졌어요. 그제야 퍼뜩 정신이 들었죠."

단단하고 여유로운 인생이 펼쳐진다

—

그때 마침 영선님은 유튜브에서 내 강의를 듣고 바로 bod루틴을 시작했다. 매일 다이어리를 쓰며 감칭반을 시작한 지 한 달이 넘어가자 그녀의 내면이 바뀌기 시작했다. 방안에서 울기만 하던 그녀는 누군가를 원망하는 일을 멈췄다. 그리고 자신에게 온 가장 큰 불행을 감사로 뒤집었다.

'내가 아프면서 처음으로 휴식을 갖게 되고 가족의 소중함도 깨달았다. 덕분에 내 인생을 돌아볼 기회를 갖게 됐구나. bod 루틴으로 아픈 나를 받아들이고 불행의 뒷면을 볼 수 있어 정말 감사하다.'

이렇게 마음의 질서가 바뀌자 그녀의 삶에 여유가 찾아왔다. 가족을 bod하우스의 가장 중요한 기둥으로 세우고 매일 가족을 위해 애쓰다 보니 아이들도 금세 밝아졌다. 동시에 그녀는 자기 자신과 진지한 딥마인드 토크를 이어나갔다. 마치 이력서를 쓰듯 자신의 생년월일부터 자기가 좋아하는 것, 즐겨하는 취미, 잘하는 것이 무엇인지 등 자기 인식의 문장들을 수없이 써 내려갔다. 어른이 된 후 처음으로 자기 자신을 돌아보기 시작한 것이다. 이 과정을 통해 그녀는 중요한 사실 하나를 깨달았다.

"그동안 저는 저 자신을 위해 열심히 살았다고 생각했는데 알고 보니 남의 잣대, 남의 기준에 맞춰 살아왔다는 걸 알게 됐어요. 잇마인드의 기준이 변하면 그에 맞춰 저의 기준도 계속 변했던 거죠. 그러니 단 한 번도 만족하지 못하고 늘 쫓기면서 살았던 거예요. 그걸 깨달은 뒤부터 내가 진짜 원하는 것이 무엇인지 남들이 아닌 저 자신에게 묻고 답을 찾으려고 애쓰고 있어요."

영선님은 bod루틴 덕분에 삶의 만족감과 안정감이 훨씬 커졌다고 말했다. 다행히 항암치료가 잘 돼서 몸도 점점 회복되기 시작했다. 웃음과 여유를 되찾은 그녀는 다시 세상 밖으로 걸어 나갔다. 친한 엄마들과 독서 모임을 시작했고 비잉을 하면서 느꼈던 감정과 생각들을 인스타그램에 올려 꾸준히 공유했다. 그러자 그걸 본 어떤 단체에서 그녀에게 인스타그램 강의를 해달라고 제안했다. bod하우스의 기둥 중 하나였던 '부수입 만들기'가 실현된 순간이었다. 불과 서너 달 만에 그녀의 인생은 완전히 달라졌다. 지금 영선님의 얼굴은 암 환자였던 사실이 전혀 믿기지 않을 만큼 생기로 가득 차 있다. 그리고 그 변화의 중심에 매일 밤마다 하는 bod루틴이 있다. 그녀는 요즘에도 일과 중 bod루틴이 최우선이다. 나와 속 깊은 대화를 나누고 나를 응원하는 그 시간이 하루 중 가장 행복하고 기다려지기 때문이다.

편안함과 안정감이 깃든 얼굴

—

가끔 bod루틴을 하는 학생들이 이런 얘기를 할 때가 있다.

"제 나름대로 bod루틴을 하고 있기는 한데, 제가 잘하고 있는 건지 잘 모르겠어요."

그럴 때 나는 먼저 그의 얼굴부터 들여다본다. 지난번보다 얼굴이 더 편안해지고 좋아졌는지. 그렇다면 그는 bod루틴을 잘하고 있는 중이다. 실제로 이는 bod루틴을 하는 많은 학생들이 주변에서 듣는 말이다.

"요즘 무슨 좋은 일 있어요? 예전보다 얼굴이 엄청 좋아졌네. 뭔가 편안해진 것 같기도 하고."

지인에게 이런 얘기를 들었다면 안심해도 좋다. 그건 지금 bod루틴을 아주 잘하고 있다는 얘기니까. 영선님이 그러했듯 얼굴은 지금 내 몸과 마음의 상태를 그대로 반영하는 거울과 같다. 몸이 아프면 아무리 숨기고 싶어도 얼굴에 티가 나고, 마음이 조금만 아파도 눈빛이 달라진다. 얼굴은 나의 상태를 알려주는 정확한 지표다. 영선 님은 암 투병으로 몸도 힘들었지만 누군가를 원망하는 마음과 우울증으로 인해 마음이 더 힘든 상황이었다. 그러나 비잉을 통해 자신의 불행을 뒤집으면서 인생의 커다란 문제를 스스로 풀어냈다. 이렇게 딥마인드 토크를 통해 자신의 문제를 해결한 사람들은 얼굴이 편안해질 수밖에 없다. 마음의 엔진이 바뀌면 당연히 얼굴도 바뀐다.

영선님처럼 힘든 상황이 아니더라도 감칭반은 사람들에게 안정감을 준다. 나를 사랑하고 아끼는 마음으로 감칭반을 한다는 것 자체가 나를 돌보는 행위이기 때문이다. 잘한 게 있으면 칭찬하고 부족한 게 있으면 반성하고, 나를 어떻게 도와줄 것인지 고민하고 실행하는 그 행동 자체가 내 안에서 믿을 만한 나를 발견하는 과정이다. 그런 든든한 내가 내면에 있으니 정서적으로 한결 안정감이 생기는 건 당연하다.

실제로 bod루틴을 성실히 할수록 일상이 단순해지고 여유로워진다. 예전에는 잇마인드가 시키는 일을 하느라 매번 쫓기고 바빴지만지금은 다르다. 영선님처럼 남의 기준이 아닌 나만의 기준이 생기면내가 미리 계획하고 허락한 일들, 즉 bod하우스의 지붕과 기둥들만챙기면 된다. 군더더기가 없이 선택과 집중이 분명해지니 일상이 가벼워지고 속도가 나며 심플해진다. 휴식할 시간과 생각할 시간이 더많아지고 일의 퀄리티도 높아진다.

bod루틴을 하는 시간이 행복하고 기다려진다면

—

또 하나 중요한 것은 매일 내가 주도권을 쥐고 딥마인드로 인생 전체의 밸런스를 조율하면 내가 모르는 불행이나 복잡한 사건 사고가 훨씬 덜 생긴다는 사실이다. 잇미인드가 시키는 일을 허겁지겁 처리하다 보면 내 인생이지만 '나도 모르는 일들'이 생긴다. 열심히 살았을 뿐인데 왜 지금 돈이 없는지, 왜 인간관계가 끊어지고 왜 건강이 안 좋아졌는지 나도 모르는 불행이 찾아온다. 이런 게 한두 개만 터져도 사는 게 너무 복잡하고 힘들어진다. 그러나 매일 비잉을 하면 미리 문제를 잘게 쪼개서 막는 효과가 있다. 매일 딥마인드 토크로 나와 주변을 살피기 때문에 불행한 일이 생겨도 빠르게 감지하고 대비할 수 있다. 나는 이런 '단순한 풍요'가 삶의 질과 행복감을 비약적으로 높여준다고 생각한다. bod루틴을 할수록 삶의 여유가 생기고 단순한 풍요를 느끼고 있다면 잘하고 있다는 얘기다. 반면 일상이 점점 복잡해지고 피곤해진다면 다시 비잉으로 돌아가야 한다. 아직도 잇마인드가 시키는 일을 하고 있을 가능성이 높다.

영선님처럼 bod를 하는 시간이 행복하고 기다려진다면 bod루틴을 잘하고 있다는 가장 확실한 증거다. 그녀에게 bod루틴은 자신이 정말 사랑하고 좋아하는 사람, 내 인생에서 가장 중요한 사람을 만나는 시간이다. 마치 나를 응원해주고 나를 좋아해주는 '찐팬'을 만나는 것처럼 설레고 행복하다. 그래서 bod루틴을 하루라도 안 했을 때 중요한 일을 놓친 것 같아 찜찜하고 계속 신경이 쓰인다면 지금 잘하고 있다는 뜻이다. 처음에는 당연히 어색하고 귀찮고 이걸 한다고 뭐가 달라질까 의심이 들 것이다. 그게 정상이다. 그러나 매일 30분의 시간이 쌓일수록 일상에서 작은 변화들이 누적되고 어느새 bod루틴 시간을 기다리는 자신을 발견하게 될 것이다.

bod루틴은 전체 틀과 시스템만 제시할 뿐 그 안의 콘텐츠는 사람마다 다 다르다. 사람이 1,000명이면 1,000개의 bod루틴이 만들어지는 게 정상이다. 또 bod루틴을 하는 형식도 사람마다 조금씩 다를 수 있다. 따라서 초반에는 내가 과연 제대로 하고 있는 것인지 의구심이 들 수 있다. 그럴 때는 거울 속의 나와 마음속의 나에게 물어보자. 나를 둘러싼 상황은 똑같지만 이전보다 얼굴에 생기가 돌고 바쁜 와중에도 여유로우며 다이어리 쓰는 시간이 기다려진다면 당신은 지금 충분히 잘하고 있는 것이다.

이 책을 읽는 순간
당신은 이미 딥마인더다

지금까지 수많은 책을 썼지만 나는 이 책이 가장 어려웠다. 거의 1년 내내 수없이 썼다 지웠고 완성된 원고를 완전히 뒤집기도 했다. 나의 세상을 완전히 바꿔버린 마음의 엔진, 보이지 않지만 실재하는 이 존재를 모두가 이해할 수 있는 단어와 말로 설명하는 것이 너무 어려웠기 때문이다.

다행히 결국 나는 '딥마인드'라는 이름을 찾아냈다. 이 또한 나의 딥마인드가 준 고마운 힌트 덕분에 가능했다. 나는 이 책을 온전히 나의 딥마인드로 썼다. 이 책을 쓰면서 간절히 바란 것은 오직 한 가지다. 이 책을 읽는 독자들이 자신이 이미 '딥마인더'라는 사실을 깨닫고 포기한 꿈을 다시 꾸기 시작하는 것이다.

우리는 언젠가부터 '꿈'이라는 단어에 지쳐 버렸다. 꿈을 꾸는 순간 경쟁과 비교, 상처와 번아웃에 괴로웠던 경험이 되살아나기 때문이다. 그래서 꿈은 우리에게 부담스럽고 싫은 단어가 돼 버렸다. 그러나 우리는 모두 태어날 때부터 자기 자신만의 세상을 갖고 태어난다. 그 세상 안에는 나만의 가치와 생명이 꿈틀거리는 꿈이 있다. 남과 비교할 필요 없이 나에게 맞는 속도와 크기대로 키워갈 수 있는 꿈이다. 잘나고 특별한 사람만 꾸는 것이 아니라 부족한 지금의 내 모습 그대로 다시 시작할 수 있는 당신의 꿈. 딥마인드는 그 꿈을 다시 발견하고 키워준다. 내가 결국 이 책을 통해서 하고 싶은 말도 그것이다.

'괜찮으니 이제 다시 꿈을 꿔도 된다. 딥마인드와 함께라면 당신이 서 있는 바로 지금 그 자리에서 당신만의 소중한 꿈을 시작할 수 있다.'

이 책을 읽으면서 당신 안의 깊은 곳에 있는 딥마인드의 존재를 알아차렸다면 당신은 이미 딥마인더다. 당신은 세상이 이식한 잇마인드에 휘둘리고 시키는 대로 사는 도구가 아니다. 이미 태어난 순간부터 당신 안에는 당신을 가장 사랑하고 지혜로우며 강력한 치유력을 지닌 딥마인드가 있다. 다만 잇마인드의 소리가 너무 커서 마음속에서 오랫동안 잠들어 있었을 뿐이다. 이 슈퍼 엔진의 존재를 알아차리고 스위치를 켜는 순간 당신의 인생은 분명히 달라질 것이다.

그러나 딥마인드를 활성화시키는 과정은 생각보다 쉽지 않다. 매시 매초, 우리를 둘러싼 잇시스템은 무서운 속도로 자동 진화하고 있고 우리의 잇마인드는 실시간으로 알람을 보낸다. 경쟁에서 지지 않으려면 당장 뛰어야 한다고 끊임없이 압박하고 남과 비교하면서 열등감을 자극한다. 회사에서 요구하는 성과를 내기 위해 열심히 뛰다 보면 딥마인드라는 단어조차 까맣게 잊게 된다. 우리의 일상은 이미 잇마인드로 꽉 차 있기 때문이다.

그래서 우리는 매일 내가 누군지 알아야 한다. 내가 딥마인더라는 사실을 하루라도 잊어서는 안 된다. 그래야 어떤 상황에서도 나를 지킬 수 있고, 진정 자신이 원하는 꿈과 함께 나아갈 수 있다. 그런 의미에서 나는 이 책을 읽는 독자 여러분에게 한 가지 선물을 드리고 싶다.

당신이 이미 딥마인더임을 확인하는 증명서다. '책 한 권 읽었을 뿐인데'라고 생각하겠지만 시작은 그것으로 충분하다. 존재를 아는 것만으로도 당신은 이미 딥마인더가 될 자격이 있다. 딥마인더 증명서에 이름을 쓰고 내가 딥마인더임을 마음속으로 선언하자. 당신 안에 깊이 잠들어 있던 딥마인드가 깨어날 것이다.

딥마인더 증명서
Deepminder Certificate

나, _____은
조건 없이 나를 사랑하고 나의 행복을 바랍니다.
나는 나를 위해 가장 지혜로운 답을 줄 수 있고 나의 행복을
스스로 정의해 나갑니다.
나는 딥마인드로 삶의 중심과 기준을 만들고 매일 bod루틴
을 통해 딥마인드 엔진을 키워갑니다.
나는 이전의 _____이 아닙니다.
딥마인더 _____입니다.

오늘부터 딥마인더로 살기를 선언한 당신에게 딥마인더 증
명서를 드립니다.

년   월   일

〈김미경의 딥마인드〉 저자 김미경 드림